塀の中のキリスト

エン・クリストオの者への道

吉岡利夫［著］
上田　勇［監修］

YOBEL,Inc.

魂の叫びと更生への道

山中正雄

旧友の上田　勇牧師から、教会で語られた聖書講話の要約が毎月送られてきます。四ページほどの紙面には、聖書を解き明かす注解、身辺に起こる出来事への信仰的洞察、時事問題の評論など、多岐にわたるテーマが取り上げられ、興味深く読んでいました。ある日のこと、服役中の一人の男性との出会いと交流を描く講話録が届きました。それが本書の著者・吉岡利夫さんのことを知った最初の日です。

不幸な生い立ちから、ヤクザとなった吉岡さんは一七歳で重罪（殺人）を犯し服役します。四十代半ばを迎えた頃、粗暴な言動が目立った結果、仮出獄が取り消され、その後、再び長期にわたる刑務所生活が続きました。

さらに一〇年が経過する内に求道心が芽生え、H牧師を通して教会の交わりの暖かさに触れました。ところが途中で挫折し、互いに絶縁状態となります。それでも魂の渇きが消失せず、真理への探求心に追い立てられるようにして、古里の町にある未知の教会に手紙を送り、上田牧師との出会いが生まれ……。その後どのようにして二人の間に信頼関係が構築されたのか、本書を読むと詳細が分かるでしょう。

反省は一人で出来るが、更生は一人では出来ない。犯罪者として烙印を押されると、本人の努力だけで合法的な生活を取り戻すことは難しいと言われています。とりわけ幼少時から肉親の愛情に飢え、猜疑心《さいぎしん》（相手の行為などをうたがったりねたんだりする気持ち。）が人一倍強かった吉岡さんにとって、反省から更生へ、と進む道のりは険しかったに違いありません。幸いなことに、救いを求める孤独な魂の叫びはきちんと相手に届きました。いのちがけで書かれた手紙は、いのちがけの返信を得て、一条の光明が天から差し込み始めました。

著者と真摯《しんし》に向き合い、優しく寄り添い続ける上田牧師はどんな人物なのか、簡単に紹介しましょう。彼は九州出身。家具製造販売店の経営者の家庭で成長し、中学生時代は柔道部主将を務めたスポーツマンです。どちらかといえば木訥《ぼくとつ》（かざりけがなく、口数が少ないこと。）な説教者で、いわゆる雄弁家ではありません。しかし一つの仕事を始めると決して後ろに引かないしぶとさ、強さをもっています。それが教会形成の原動力になり、吉岡さんの支えにもなりました。才能豊かなまゆみ夫人と共に小さな幼稚園を始め、それが伝道の拠点となったのです。その幼稚園は三五年を経て、二〇一二年三月に閉園。夫人がガンに罹患《りかん》（病気にかかること。）して、経営が困難になりました。壮絶な最期に至るまでの様子が本書に記されています。

愛妻を失った上田牧師には、さらなる不幸が襲いました。目に入れても痛くない孫娘みちるさん（小学二年生）が脳腫瘍のため、あっという間に地上を去って逝ったのです。悲嘆に暮れる遺族と教会のメンバーたち——。その教会を背後で励まし支えたのが吉岡さんから届く手紙（獄中書簡）でした。上田牧師には、負うた子に教えられて浅瀬を渡る体験になりました。

個人的にはまだ吉岡さんの顔を見たことがありません。それでも、互いに年齢、故郷、信仰が同じであることが分かり、とても近い存在になりました。予期せぬ出会いの不思議さ（神の摂理）を実感しています。精神科医として時折、拘置所や刑務所に出向くこともあり、それぞれの犯罪者の生活史には固有の悲しい過去の記憶が刻まれていることを学んできました。光と闇が交錯する悲惨な現実に触れると、生と死の意味を考えさせられます。すべての事象には必然性が存在する。たとえそれが予期せぬ事故や凶悪な犯罪であったとしても——。出来事の背景にある因果関係を冷静に分析し、具体的な対策と予防を考えることが医学や法学などの実践科学の任務と考えてきました。それでも人間の知恵と力には限界があり、更生・矯正の可能性を否定して、居直る人も多いようです。

本書は、その限界を超えさせる、何ものかがあることを教えます。社会から隔離された刑務所で生活する無期囚、出会いと別れを繰り返す日々を生きる牧師と家族たち……、まったく異なる場所に住む両者を結びつけたものは、目に見えない聖なる力でした。だれもがその愛と力に守られ、活かされていることを知りたいものです。

二〇一五年四月

（日本アライアンス教団千葉キリスト教会牧師、精神科医）

塀の中のキリスト――エン・クリストオの者への道

目次

第二部　雑居房編　101

第三部　塀を越えて　183

初対面──あとがきにかえて　

第一部　塀の中のキリスト　独房篇

第一便

独房の一日は例えようがないほど長い。その長い一日一日に耐えながら、もう三年もここに居る。なぜそうなったのかは、追々話すとして、まず聞いてほしい話がある。そんな所に居る人間の話なんて、どうせロクな話じゃないだろうと思うのは勝手だが、まあ、騙《だま》されたと思って聞いてほしい。

俺は今、天にも昇る心地でここに居るのだが、残念ながら、その話を聞いてくれる相手が居ない。そこで相談だが、ここで出会ったのが何かの縁と思って、俺の独り言を黙って聞いてくれないか。

その手紙を出したのは暑い盛りだった。宛先は、古里の町の教会。市役所に住所を尋ねて出したから、牧師の名も知らない。見も知らない教会に何用あって手紙等を、と思われるだろうが、俺にしてみれば、止むに止まれない仕儀《しぎ》だった。

「前略、突然にこのような手紙を差し出す失礼を、まず始めにお詫び申し上げます。私は現在、当刑務所に在所服役中の吉岡利夫という者ですが、その私が何故に貴教会にこの手紙を発信するに至ったのか、その経過と信仰の証しを告白させてください。

私の人生は体も心も刺青《いれずみ》と罪（悪）に汚れて、罪に罪を積み重ねてきました。ですから必然的に神や仏を信じず、頼らず生きてきました。男四人兄弟の末っ子の私は、生まれてすぐに親の愛に見放されて捨てられ、物心の付いた頃には児童養護施設の惨《みじ》めで哀しい境遇の生活の中で、いつも寂しい孤独感にめそめそと泣いてばかりいました。

九歳位の時でしたが、児童施設から引き取られて行った先の家に、実子が誕生した日を境にして、私は、父から『お前は貰《もら》われっ子やッ』と明かされたその上に、実の父親だと思い信じていた養父からの激しい暴力と虐待《ぎゃくたい》が日常の日課となりました……私にとってそれは、恐怖というものをはるかに超えた、強いショックと絶望という真っ暗な闇の底に、幼い魂を突き落とされたような気がしました。大人の都合と身勝手に翻弄《ほんろう》され、暗く閉ざして歪《ゆが》みネジ曲がってきた私の心は、いつしか愛につまずき、愛を頑《かたく》なに拒《こば》み否定して誰も信じず、かつ愛を憎悪して憎み怨《うら》んで妬《ねた》み、人を欺《あざむ》き自己中心的で自我と暴力を持って社会や周囲に抗《あらが》い居直る己になっていました。

一六歳で足を踏み入れた暴力団の道はそんな私の粗悪（粗暴）性に拍車をかけて突っ走り、挙句《あげく》に、大義名分の欠片も無く、何の罪もない一般の人を殺《あや》めたのです……犯行当時、一七歳の私が一八歳になって科された判決は無期懲役でした。そして、同年の八月に確定囚となりました。二〇数年後、仮出獄の恩典に浴して社会復帰しましたが、翌年に死去した実父の葬儀に出席することを親戚一同の総意で拒否されたことに端を発して親族と対立（勿論非は私にあります）が続き、その延長線上で私は、実家を器物損壊して逮捕され、当然仮出獄が取消しとなって、収監され再度、無期囚として刑の執行を受けて今日に至っております。」

手紙は全部で便箋《びんせん》七枚。が、まだ、やっと二枚目の途中。飽きられたら困るので、ここで中断する。月五通、一通に付き便箋七枚は刑務所の規則で、それ以上は出せない。だから、いつも便箋七枚に、びっしり書き込むのが俺のやり方だ。

俺は最後に、「牧師の説教やパンフレット、聖書に関する解説、資料などがあれば贈与して欲しい」と書いた。虫のよい話だということは分かっている。が、それより外に手は残っていなかった。よく言う、〝藁《わら》をもつかむ〟というやつや。
返事が来たのは忘れもしない八月一二日。届いた小包の中身の内、本とパンフレットは検閲に回され、手紙だけが手渡された。「～当教会は独立、単独のキリストの教会です。他のどのような人間や組織にも属さない群れ～」の文面に、「我が意を得たり」と心は舞い上がり、ハレルヤと喜び躍った。そして、出会いの奇跡に、じんわりと胸と目頭が熱くなって、涙が流れ出た。

「信仰日誌」

・八月四日「古里の教会宛に手紙を発信した。どうか主イエスの御手が古里の教会の熱い信仰の愛のポストに投函してくださいますように。」

・八月十二日「～牧師だろうか？　上田 勇という人から本等の差し入れを届けていただいた。この教会は単立の教会ということに俺は、心は喜び踊って主イエスに、心を尽くして感謝した。俺の祈りが届いた証しだ。」最後に、こう締めくくった。

「古里の空は青くて高く、古里の海は広くて深く、町を流れる川面のせせらぎは、キラキラと輝き、昔も今もそれは変わらず、清くて、やさしかった」と、柄にもなく詩的に記した。

・九月四日「主よ、あなたの杖を持つ教会の上田牧師から今日、このように心温まる返信と、再度差し入れの本を届けていただきました。牧師が向けてくださる愛は感激です。涙が流れました。でも私は、上田牧師に真実を証ししてはおりません。少し戸惑っております。主よ、どうすれば宜《よろ》しいでしょうか。」

一か月前は、こんな悩みを持つとは夢にも思わなかった。行き詰った現状を打破することだけに必死で、こんな事態を予想する余裕はとてもなかった。兎《と》に角《かく》、この信仰の危機《きき》から逃れたいという一心から思い立ち、書き上げ、出した手紙だった。

自業自得《じごうじとく》とは言え、一難《いちなん》去ってまた一難、というわけだが、一か月前のことを思えば、贅《ぜい》沢《たく》な悩みに違いない。が、このままにはしておけない。なんとかしなくては……。

信仰日誌とは言っても、神を知るようになる前から付けていた備忘録《びぼうろく》（記憶すべき事柄を簡単にメモするための個人的な雑記帳）のタイトルを書き換えただけのもので、毎日付けている。正直言って、獄舎《ごくしゃ》にある自分にこれだけの愛を向け、顧《かえり》みていただけるとは予測できなかった。だから、第一便で届けてもらった本とパンフレットだけで十分満足だった。それは、「俺は教会に対して罪を犯し、牧師にサジを投げられた男ヤッ」という罪の意識が霊的《れいてき》体験を通して、主に贖《あがな》い出していただきながら、今なお己の信仰の汚点として、自己卑下《じこひげ》していたからだ。なぜそれ程までに卑屈になっていたのか、過去の日誌をめくってみよう。

・同年三月二〇日「主は、聖霊様の働きと御力によって御声《みことば》を与えてくださった。俺を罪から贖い出してくださった。今日の霊的体験を俺は、心と魂に刻んで忘れてはならない。二度と教会（牧者）に対して罪を犯してはならない。」

刑務所には教誨師《きょうかいし》がいる。が、正直言って偏見がある。過去の体験と印象が悪かったせいで、どうしても馴染めない。だから、いまだに「集合教誨」（各宗派の定員は当所では一五名位で、毎月一回、教育課の教室に集合して教誨を受ける）に入会して出席したことがない。だが、現状打破のためにはそんなことは言っていられないと一大決心をして、個人面談を申し込んだ。個人面談というのは、事前に願書を官に提出しておくと、順番制で集合教誨が終わった後に、入会員以外の者でも個別に面接してくれるのだ。面接時間は一五分から三〇分間の制限で、俺は要点だけを掻《か》い摘《つま》んで話した。教誨師に最も聞きたかったこと、それはバプテスマのことだった。が、彼は「バプテスマはキリスト者にとって重要な儀式であり、それによってキリストの弟子となって教会の交わりの中に入り、神の賜物である聖霊を受ける」と言うだけだった。反論が喉《のど》まで出かかったが、それでは折角、面接をしていただいている牧師に礼節を欠くと、グッと飲み込んだ。

中断していた第一便の続き。

「〜そのような悪なる私が、獄舎においてイエス・キリストに召されて、主の十字架の恵みによって救われたのです。それは、上に記した二〇数年後に仮出獄した私は、仮出獄中に婚姻《こんいん》をして収監《しゅうかん》された年に長男が生まれましたが、獄中離婚となりまして息子の親権は嫁に渡りました。が、四年ほど前に、偶然に息子の近況を知った私は愕然《がくぜん》として打ちのめされて、持って行き場のない怒りと腹立ちに心は荒れて辛く苦悩《くる》しみました。そして、自分の過去の罪（悪）に対する自責の念にかられ、己が蒔《ま》いてきた罪の呵責《かしゃく》にさいなまれながら、悶々《もんもん》とした暗中模索《あんちゅうもさく》の日々の中で、成すすべもなく獄舎にある自分をのろって叩頭《たいとう》（頭をたたいて悲しむこと）、もがけばもがくほど、絶望と罪の泥の沼に深く沈んでゆく己を感じた私は、たまらず、『神よ愚かな私を助けてください』と叫びました。そしたら、まさに神からの『恐れるな。わたしはあなたと共にいる。たじろぐな。わたしがあなたの神だから、わたしはあなたを強める。あなたを助け、わたしの義の右の手であなたを守る。』といった御声が、私の耳朶《じだ》にきこえたのです。私は、躊躇《ちゅうちょ》なくその手にすがりました。すると不思議に、目の前の暗闇《やみ》が明るくなって、なおかつ、私の発信する手紙を無視して沈黙し続けていた息子を保護する児童養護施設の扉が、私方に向かって開き、そればかりか、園長からの返信と共に息子の近況の写真が送られてきました。約八年振りに一枚の写真ではあるけれど、息子との対面に、私の心は熱くなって、鬼の目に神は涙を流させてくださったのです。

　正直なことを申しますと、過去のトラウマから、私にとってキリストの神は、最も否《いな》む神だったのです。と言いますのは、養父の虐待と暴力から、ある日、私はカトリックのシスター（児童施設の保母）に身柄を保護されました。が、夜になって私を引き取りに来た養父とシスターの間に小さな争いはあったけれども、結局は、嫌がる私を養父の手に引き渡したのです。『理不尽な虐待から、どうして幼ない私を助けてくれなかったのか。』この疑問と疑念は、時とともに怒りと憎しみに移り変わって行き、心の奥底に深くこびり付いて離れませんでした。で私は、神の存在を根底から信じず、否定して、頑迷《がんめい》に愛を拒んで、親族や周囲の者たちに向けて来た卑屈な猜疑心《さいぎしん》は、この様にして此処から始まったようにおもうのです。

　神のことを知りたくて、私がこの年齢になって初めて聖書を入手して開き、読み進めて、主イエス・キリストとの出会いは強烈《きょうれつ》で衝撃的《しょうげきてき》でした。何故ならそれは、イエス・キリストは死ぬほど私たちを愛し、私たち人間の罪の赦《ゆる》しのために十字架の上で、手と足をくぎ打たれて、槍《やり》で腹を刺しとうされ、血を流し、想像を絶する苦痛の中で死んでくださったことが、そこには記されていたからです。

主イエスは、地獄に送られて永遠に苦しみを受ける私の悲惨《ひさん》な魂の末路を回避《かいひ》してくださるために、自分から進んで罪の贖いのいけにえとなってくださったのです……で、あれば、私自身が己の罪を悔い改め、罪（悪）から離れて、自分を捨て、自分の十字架を負い、イエスに従って、イエス・キリストの愛を追い求めて行かなくては、大きな義理を欠くことになります。また私は、イエス・キリストを信じる信仰をもって、全てのことを神にたくして、児童養護施設に保護されて育てられている息子の哀しむ心と、寂しさが、イエスの愛に癒《いや》され、救われることを日々祈り、すべてのことを父なる神に感謝の祈りを捧げて行く決心をしました。またそれが実の父として名のりは生涯出来ないけれど、今この塀の中で出来る唯一の私の責任だと思うのです。そして息子が、親の愛から離れて児童施設で育って来たという劣等感と、不幸を自己の価値観で計り、その不幸の上にどっかりと大胡坐《おおあぐら》をかこって、己の罪を全て不幸になすり付けて転嫁《てんか》してきた私の人生を反面教師にして、清く正しく隣人愛をもって雄々しく、心を強くして、人の心の痛みを思い、気遣い理解し、謙虚のうちに歩み、今ある生活に喜びと感謝をもって育ち成長して行ってほしい。これはきれいごとではなく、私の祈りです。——私が歩いてきた愚かな轍《てつ》を我が息子には絶対に踏んでほしくありません！」

第二便

第二便を出してから、ほとんど、毎週手紙を書くようになった。手紙を書くのが苦手の俺が、なんてこった。いったい何が起こったのか。これは奇跡だ。奇跡が起こったのだ。奇跡なんて滅多に起こるものじゃない。だからこそ奇跡なのだ。お前の言う奇跡は、本当に奇跡なのか？まあ、そう言わずに聞いてくれ。

俺の長い手紙を読んだ上田牧師の送ってくれた本とパンフレットと手紙が、最初の奇跡だった。本は牧師の最初と最後に書いた本二冊で、パンフレットは毎週の説教をプリントしたもの。それが、驚くほどすんなり胃の腑《ふ》に落ちた。求めていたものがここにあると直感した。今まで読んだキリスト教関係の信仰書とはまるで違う。ここで読める官本（官貸与の毎月六冊の本）は、生意気な物言いだが、どれも聖書の真理を形式的に解説したものばかりで、俺の心を打ってくれなかった。そこで俺は祈った。「主よ、私のこの胸に、熱く焼け付く信仰の矢を、本をもって突き刺し通してください」と。それが文字通りに実現した。これが奇跡と言わずに何と言う？聖書の上辺の知識にはもう懲《こ》り懲《ご》りだ。と言って臆病《おくびょう》になって、落ちる穴を恐れていては前進ができない。上田牧師の差入れ書物は天の恵みだ。感謝あるのみ。

あの手紙を出してから、返事が来るのが待ち遠しかった。その一方で、主は俺の願いを聞き届けてくださるだろうか。牧師は分かってくれるだろうか。どんな人だろうか。次々に、疑問や不安が湧いてきて、何度打ち消しても、また湧いてくる。それが、すべてが杞憂《きゆう》に終わった。あの時の感激は、死ぬまで忘れることはないだろう。

早速、返事を書かなければと思った。が、よく考えてみると、いや考えるまでもなく、それは不可能だった。なぜなら、既に十二日に、月五回の制限を超えていたからである。お蔭で、返事を出すのが遅れ、牧師の元に着くのは九月になった。第二便には、まず感謝を述べたあと、また「信仰の証し」の続きを記した。

「～詳しい経緯《いきさつ》は省略しますが、私は昨年の一一月に信仰の壁というか、この獄舎の中で維持《いじ》する信仰の孤独に弱り疲れて、行き詰りました。「もう、やめやッ」とばかりに、どくれにどくれて（土佐弁。ひねくれることをいう。）、尻を捲《まく》って居直り、過去の古いものを引っ張り出してきて、身にまとい、さらに、過去のように心を閉ざして暗闇の中にもぐり込んで行こうとしたのです。がしかし、神の神殿という私のうちに宿ってくださっておられる、神の聖霊様の助けと導きによって私は、己が進むべき道を光りの方向に軌道修正したのです。……（省略）……そうです。私はこの獄舎の、私も含めてあくの強い独特な個性と感受性を持った男集団生活の中で、その煩雑《はんざつ》な対人関係と、矛盾の多い規則、制限等の煩わしさに振り回され、いやいやそれを弁明、言い訳にして、主イエスの愛の本質（十字架に救われた者として、悔いた心で己のうちにイエスの愛を構築することが先決）を見失い、肉の愛を求め（心は裸です。寂しいです。辛いです。苦しいです。愛が欲しい。振り向いて欲しい。）、叫んでかつ、キリスト者の一日の生活の基本原則である祈りをなおざりにしていたのです。というのは、朝と夕方の祈りを日常の日課としながら、他の時間を自己観念（想念）に凝り固めて行動し、空白にしていたのですからシャレになりません。『祈りなさい。たえず祈りなさい。常に、父なる神に感謝して祈りを捧げなさい。』この祈りの根本を私はないがしろにしていたのです！　その証左《しょうさ》が、聖書の真理を学んできながら私は、いつまでたっても己の怒りの感情と暴力性（舌が発することばや手、手紙に書く文面も、激しいとげと粗暴であれば、それは暴力です。）を制御することができなかったのです。

上田牧師から聖書を読む態度と熱心をほめていただきましたことが、なんとも恥しく、赤面の至りです。私の信仰はこの様に、熱くもなく、冷たくもなく、浅くて生温《なまぬる》いのです。ご本の中にある『無くてならぬもの』は、獄舎で主イエスを賛美するそんな生温い私の信仰を、叱咤激励《しったげきれい》してくれました。まさに私は、マルタの姿でした。私にとって無くてならぬものとは、現実や現状の苦悩につぶやき、悲観して後退するのではなく、牧師の言う「エン・クリストオ、イエス・キリストを着てキリストにあることですネエ。――キリスト・イエスが全ての基準――私はこのことを学んで来たというのに……

私の信仰の原点は、先の手紙にも証ししましたが、悪の帰結として誰からもサジを投げられ、相手にされず、すべての者が側から離れ去って、愛されず、たった一人、真っ暗な闇の底にうずくまって、孤独な絶望にもがきあがいて苦しみながら、『俺は何のために生れてきたのやッ！――人を殺め、実子（息子）と親（父と義母）兄弟と多くの人の心（身体）を、俺は、己の罪の犠牲にして、傷め、苦悩《くる》しめて哀しみの涙と血を流させてきた……俺の生は、その悪のためだけに存在してきたのか……』といった、回答の出せない自問をくり返しては自己嫌悪に落ち込み、それでもなお、今を生きる自分の存在価値（意義）が、空虚で空しく、泣き叫ぶ私に神は『私があなたを助ける。私があなたの神、主である。』と右の手を差し出して、滅びの道から引き上げてくださったのです。――それなのに私は、いつも聖霊様をかなしくさせて遠ざけてきました――でも、主はいつも私とともにいてくださっている。何故なら聖霊様は、当所の教誨師、さらに貴教会を通して再び私の信仰を燃え立たせてくださったからです！」

牧師に差し入れてもらった沢山の文書は、俺の抱えていた信仰の疑問と聖書の真理を全て細かく解きほぐしてくれた。数ある本や週一回の説教（メッセージ）の中から、今俺が最も求めている説教が、こんなにも的確に選び出されたことにビックリし、主に感謝した。

俺は今年に入って、外部の教会との接触《せっしょく》を思い願って、主イエスに、祈って祈って、祈りまくった。それも単立で、野にある熱い信仰の群れと牧者を求めた。日本全国にどれだけの単立独立の教会があるのか知らないが、俺の祈りが主に届き、道が開かれたのだ。俺はこのとき、出会いの奇跡を直感し、心は主に喜び、舞い上がった。

この四年間は聖書一冊で学んで来た。獄舎者には聖書を読む時間だけは、タップリと掃いて捨てるほどある。だから聖書を読むということにおいては自負がある。だが、そこに落とし穴があった。聖書の真理を履き違えてしまったのだ。

三年前、事件が起きた。いや、何を隠そう、俺がその事件の張本人である。社会的地位と組事（抗争事件）で服役しているという高慢と暴力組織を背景に徒党を組み、弱者を見下して虐《いじ》め、なおかつ、集団生活の和を乱す横暴に、工場班長の立場上、腹黒く見て見ぬ振りができず、その解決、解消のために、俺は暴力を用いた。……確かに、問題の一掃にはなった。が、ことは自分一人の処分では済まなかった。同郷者や多くの同囚の者の心を痛めた上に、複数の処罰者を出す結果を招いてしまった……これが独居拘禁《どっきょこうきん》の理由だ。

独居拘禁は罰に違いない。が、三年間も続いている理由は何なのか。自分には皆目見当もつかない。俺が相手にした組関係者の報復を官が苦慮しているのかもしれないが、自分ではこれを、試練と受け止めている。主を誇るはずの俺が、暴力を誇ったのだから。

俺にとって暴力は神のようなものだった。だから、この年齢になっても毎日の三〇分の運動時間には筋トレを欠かしたことがない。最後は暴力に頼るというのが俺の常套手段だった。だが、主に救われた今は、暴力ではなく、神に頼るはずであるのに、どうしてもそれが出来ない。

この信仰の挫折《ざせつ》から立ち直りたいという一心で書いた手紙であった。

ＬＢ級刑務所

この刑務所はＬＢ級（主に再入者で執行刑期が8年以上の者を収容する刑務所。）で、ほとんどが再犯を繰り返して塀の外と内を往復しているので、懲役太郎《ちょうえきたろう》の隠語を拝命している者ばかりが居る。義務教育期間の半分もロクに学校に行かなかった関係で、自慢じゃないが、ローマ字のアルファベットも完璧には書けない俺でも、ＬＢ級の意味ぐらいは分かる。刑務所には、Ａ級（初入者で執行刑期が8年未満の者を収容する刑務所。）とＢ級（主に再入者で執行刑期が8年未満の者を収容する刑務所。）がある。Ａ級は初犯者、Ｂ級は再犯者が入所する。Ｌ級は、八年以上刑期がある者で、どうやら刑期が長いという意味らしい。だから、ＬＢ級と言えば、泣く子も黙る様な恐ろしげな懲役太郎様のお屋敷なのだ。

ここには、不思議と信心家が沢山いる。エッ、信じられない？　それはそうだろう。俺だって最初はそうだったのだから。でもネエ。本当なんだよ。特に仏教信者はうようよいるぜよ。ところが、朝夕の読経と写経を欠かさないその信心家が一歩塀の外に踏み出すと、その手でシャブの密売などを平然とやって、裏社会で生きているという寸法や。

そういえば、俺の長い獄中生活で、熱心なキリスト者にお目にかかった試しがない。それに、聖書を持っているのに、読まない者が実に多いのだ。塀の中の生活は辛くて苦しくて、哀しくて寂しくて孤独だ。その気持ちをある人に打ち明けたら、何と言ったと思う？「獄舎は国民の税で運営されているのですから、楽しければ困ります。あなたは、最後の一コドラントを支払うまでは、そこを出ることは出来ません」だとよ。

確かに俺たちの中には、自分が犯した罪を悔いることより、捕まったことを悔やんでいる者も居る。が、大半の者は罪を悔やんで、悔恨と悔悟の涙を流して娑婆に残してきた嫁や子どもたちの苦悩と悲しみを思い、心が打ちしおれているのもまた事実なんだ。

再犯の原因には色んな理由があって、一概には言えない。個人的な理由もあれば、社会的な理由もある。しかし、世論はそれを一括《ひとくく》りにして、それ見たことかと再犯者を批判する。反論したいのは山々だが、今俺がそれを言えば詭弁《きべん》と言われそうなので止めておこう。

第三便「告白」

ずっと心に重くのしかかっていたものがある。上田牧師の愛を強く感じれば感じるほど、それが古傷のように痛んで、もう耐えきれない。当然、次便は告白の手紙となる。が、筆は重く、思うように走らない。それでも、今ここで書かなければ、上田牧師に嘘をついたことになり、取り返しがつかないことになる。何としても書かなければならない。聖霊様、どうか俺を助けてください。真実を告白する勇気を与えてください。

「～上田牧師自身、私からの手紙を読んでくださって、何か違和感のようなものを感じておられるのではないでしょうか。実は私は、独学で聖書を学んだのでは有りません。無論、昨年の一一月からは独学です。これは事実です。平成一八（二〇〇六）年に神にすがり、助けを求めた私は九州のある教会のH牧師に導かれました。H牧師は、友人、知人や財も地位も捨てて、その町に入って開拓伝道を始めた女性牧師です。組織や人に属さず、また他の教会や牧師との交流を断って、小さなアパートの一室を夫婦の居住兼教会堂として、十字架やすべてのものが手作りという貧しく、それでいて信仰の熱い初代教会を目標とする教会です。牧師は、このような獄舎者の私に愛を向けてくださり、私は、同囚四人と共にその教会に在籍させていただきました。

H牧師から私に届いた最初の長い文面の手紙には、不幸に生まれ育ってきた私の過去をあわれに思い、深い同情と、涙を流して泣いてくださった真心が切々と記されていました。さらに、自分の辛く哀しかった人生に悲観して、過去に立ち止まっていても何の解決にもなりません。前に向かって足を踏み出して進むのです。そうすればかならず道は開かれます。――浩一郎（私の息子）君の実父はあなたなのです。ですから、実父としての責任をはたすことです。責任とは、自分の罪を悔い改めて、神様を信じ、主イエス様の十字架を信じて、いやされ救われることです。全てのことを主にゆだねましょう。私があなたに神様の真理、聖書のことを教えます。私があなたの家族になります。神の家族です！」

野良犬のような俺にとって、この手紙は、まさに干天の慈雨。このような真剣な愛を向けてくれた人は、未だかつて俺の目の前に現れたことはなかった。だから俺は、この牧師を信じ、この牧師につき従って聖書の真理を学んで行こうと固く決心した。ところが……。

平成一九（二〇〇七）年から始まった牧師との交信であったが、たちまち躓《つまず》いてしまった。それというのも、H牧師の牧会は超の字が付くほど厳しく、ついていくのがやっとという有様だったからだ。泣き言は言いたくないが、返事は遅いし、反論は許されないときているから、イライラが募ってしまい、信仰の安らぎなどを感じる間《いとま》もなかった。やがて牧会が苦痛になり、疑問が生じ、とうとう爆発して、後足で泥をかけるようにして飛び出してしまった。

牧会が厳しいだけならまだ我慢できたかもしれない。が、一番望んでいたものがここにはないと分かったことで、踏ん切りがついたような気がする。一家団欒《だんらん》が俺の夢だった。だが、H牧師のあの言葉は、言葉だけで終わった。家族の温もりが欲しかったのに……なかった……。

夢は破れた。俺の信仰の始まりとなった、あの優しくて女性としてのおもいやりに溢れた手紙の文面が嘘のような厳しさには、もう耐えられない。一度疑いが起きるともう止めどもなく出て来る疑念と不信。主イエスを信じる信仰がこんなにも苦しく、哀しくて寂しく辛いものなのか。その結果、ムチ打たれる度に反抗し、口汚くののしって、牧師の人間性と信仰を罵倒した。――追い詰められて逃げる場所がなければ、牙をむき出して粗暴になり、自制もなく暴れまわるのが俺の常套手段《じょうとうしゅだん》だった。そのうちに、他の獄舎者が一人また一人と教会を離脱して、とうとう一人だけになっても、「俺がどんなことがあってもこの教会から離れんゼヨッ」とかえって気合が入った。が、それは余りにもお粗末で脆《もろ》い信念で、肉なる意地に過ぎなかった。結局の所、俺は教会を批判した。それも激しく暴れまくって、飛び出したのだから、罪は重く、弁解の余地もない。当然、H牧師の堪忍袋《かんにんぶくろ》の緒はブチ切れて、絶交宣言となった。当然だ。

「足の塵を払い落とした」とまで言われたのだから、その怒りのほどが分かる。牧師にサジを投げられた俺は「主にまで見放されたのか?」という絶望感に、信仰の敗残者のように、魂は虚空《こくう》を彷徨《さまよ》い、暗黒の底に落ちて行った。――それはさながらバビロンの川のほとりで、栄光の都エルサレムを想い悲嘆に暮れる捕囚の民イスラエルの姿そのものであった。

「主よ、私は決して信仰を捨てたのではありません。この塀の中の独居拘禁の中で、教会のいたわりと励ましの優しいことばがほしかったのです。……でもそれは、私の肉の要求であり、弱さでした。どうか主よ、私の愚かな罪をお赦しください。」

毎日毎日、祈りをもって悔い改めた。が、主からの応答はなく、道は閉ざされたまま数日が空しく過ぎて行った。

その日は、エレミヤ書三〇章12節から17節（参照九四頁）を二回復唱して、コリント後書六章（参照九六頁）を読んで、ヘブル書を読み始めたその時、肩をやさしく、そっと叩かれた感触がして、ハッと振り向いた。が、そこには独房の壁があるだけで誰もいない。エ～ッと思った瞬間、体全身がカ～ッと熱くなって、これを霊感というのだろうか？　強い聖霊様の御力による呼びかけを感じた。

聖書をふたたび手にして開いた場所がヨハネ伝八章で、11節（参照九八頁）が目に飛び込んできた。と、同時に、主イエスの御声がハッキリと耳朶にとどき聞こえた。

「あれだけ暴れたのだから、もう充分だろう。今からは決して罪を犯してはならない。」

「はい」と返事して、「アーメン」を言い、涙を流した。只々、流れ泣いた。この時、主の慈愛と寛容に赦され、聖霊様の働きと助けに導かれて、俺のこの道が再び開かれた。その後、教誨師との個人面談、上田牧師との出会いへと導かれて、今日がある。

ペンは思うように走らなかったが、聖霊様の助けをかりて、何とか上田牧師に真実を告げることが出来た。まとまりのない文面で判読不能の箇所もあるだろうが、牧師の信仰の高さ、広さと霊力で判読して戴けるものと思う。

牧師の手紙を読みながら、今まで経験したことのない霊的な力を直感し、祈りによって道が開かれたと実感した。

牧師の手紙で教えられたことの一つは、祈りとは何かということである。祈りの大切さは分かっていた。が、祈りの本質が分かっていなかった。「祈りは、うめき、叫び、心、生き方、生活です。」目からウロコが落ちた。差し入れのあらゆる文書で、ウロコが落ちまくった。冗談ではない。マジで目からウロコが落ちまくった。

あ、そうだ。牧師の手紙の中に、一つだけ気に入らない箇所があった。それは俺のことを「貴兄《きけい》」と呼んでくださったことである。それで、「私のことを貴兄と呼んでいただけるのは嬉しいのですが、牧師は私の長兄と同年代であり、何よりもこれから先、私にとって大きな存在になると思いますので、貴兄という呼び方はやめてほしいです」と、お願いした。次便から貴兄の字が消えたのは勿論だ。

それと、もう一つ、俺の手紙の取り扱いをどうするかを尋ねられたので、「すべて上田牧師のなさることに不都合等は有りません。よしなにしてください」と、すべてをお任せした。主に愛される俺は、何と幸せな男よ！

幼い頃、俺の記憶では、実家で家族と共に暮らした期間はわずか一年ぐらいのもので、楽しい家族との思い出は全くない。いつも一人ぽっちだった俺のガキの頃からの夢、憧れは家族団欒であった。だから、H牧師から、「主の家族」として迎えていただいたことは、驚天《きょうてん》動地《どうち》の出来事で、嬉しくて有頂天になった。ところが、その夢ははかなく消えてしまった。

断章

昨日の昼から雨が降り続いている。どういうわけか、幾つになっても雨の日は妙に心が哀《かな》しく、さびしくなる。幼いころから雨と夕暮れは大嫌いだった。それは、雨が降ると、外に遊びに行けず、また夕暮れは、嫌でも我が住む家に帰ることになるからだ。ある時、何を思ったか、俺は急に家に帰るのが嫌になって家出をし、歩いて市内に向かうことを決行した。でも途中で雨が降りはじめて、最悪だった。心細くて、不安と暗い夜の恐怖に追い立てられながら、声を上げて泣き、それでも必死に線路にそって、とぼとぼと、雨にずぶ濡れになって、歩いて行った。

親父は頑固で短気、そして厳しかった。反面、陽気で祭好きだった。兄たちにとって親父は大きな壁だったようだが、俺にとっては、「何故《なぜ》四人兄弟の末っ子の俺だけが捨てられたのやッ」といった怒りと疑念で憎しみの的だった。兄たちもまたその延長線上で憎しみの対象になった。何故なら、父の側で温《ぬく》く温《ぬく》と育ち暮らしてきた兄たちが妬《ねた》ましく思えたからだ。それでも、初めて「父ちゃん」と呼んだ日の父の笑顔を忘れることはできない。

信仰の心に映った　父の笑顔

俺が、父の元に引き取られたのは、一一歳の頃で、当然俺は、いつまで経っても、家族に馴染《なじ》んでなつかず、父のことを、「お父ちゃん」と言って呼ぶのにも抵抗があって、時間がかかった。その日、何の用事だったか、その記憶はないが、町内に一軒しかなかったパチンコ屋で、玉をはじいていた父の背中に俺は、「お父ちゃん」と声をかけた。

振り向いた父は、俺を胸に抱き上げて、目をみるみる真っ赤にしてにっこり笑った。

信仰の心に映った父のかなしく寂しい顔

埼玉の少年院を退院して、実家に戻った俺は、ある日、家を出て行くと父に話をした。父は、それを反対した。この家がお前の家で、お前はどこにも行かず、この家にいろと。俺はブチ切れて激昂《げきこう》した。この家は俺の家ではない。この家に俺の想い出など、いくらさがしても無い。もしあるなら、俺の目の前に置いてみろ。古い幼い俺が写っている写真が、一枚でもあるなら、俺に見せてみろ……

父にとびかからんばかりの、俺の激しい怒りに、たまらず義母が間に入って、必死にとめた。そしてその、義母の肩の向こうに父のかなしく、寂しい顔があった……

信仰の心に映った父の無念という涙

一七歳の少年の俺が、人を殺《あや》めるという　大罪を犯した時、父は　被害者の方とそのご遺族や世間に対して死をもって親としての謝罪を決意した。しかし、あんたが死んだら、あの子が帰って来る場所が無くなると、義母の意見にさとされ、思いとどまった。そして、悪に突き進んで行く、俺の暴走を、親として、父として阻止できなかった自分を責めてさいなみ、無念の涙を流した。

ヤクザに憧れたのは、一二、三歳の頃だった。児童施設を脱走しては施設の先輩の兄ちゃんが居る組事務所に行って、ご飯を食べさせてもらい、たまには小遣いもくれた。いつ行っても、事務所には誰かが居て、みんな優しくしてくれた。一緒に街を歩くと、誰もがヤクザを恐れて、通り道を開けることに、幼い俺の心には、それがヒーローのように見えた。で、埼玉の少年院を退院した俺は、実家を飛び出して、すでに組織の一員になっていた施設仲間に誘われるままに暴力の道に足を踏み入れた。が、暴力組織の実体は俺の憧《あこが》れたものとは別物だった。義理人情と仁義を重んじて、弱きを助け強きをくじくといった錦の御旗を隠れ蓑にして、裏では所詮暴力崇拝の野獣集団だった。ヤクザ組織の綱領や規約は、上の者の都合で何とでも塗り替えられる矛盾に反発して抗《あらが》い、兄貴分と激しく意見が対立して争い、組を抜けた。ヤクザの原理では、上の者と対立して組織を抜けることは死を意味する。俺は内妻の郷里に身を隠した。組織の執拗《しつよう》な追求が行く先々に点々と迫ってきた。その間、実家にも張り込みがあるということで、夜陰《やいん》に紛《まぎ》れて逃走資金の調達に実家に単身走ったこともあった。父は「お父ちゃんが何とかするから、お前はここに居て動くな」と言ってくれた。が、女を残しておくことが出来ず、ユーターンや。

作業服とサンダル履きで、十万円もの大金を持ってきてくれた父の姿と、この世の俺の安否と行く末を案じてくれる父の心の深さと広さに、俺は素直に「お父ちゃん、ごめんな」と言えなかった。

二か月近い逃避行生活に、いらだって、女に当たり散らすことが多くなったある日、女は忽然《こつぜん》と消えていた。見知らぬ土地でたった一人になった俺は途方に暮れ、絶望した。生きるのも死ぬのも一緒だと言った内妻との別れもショックだったし、親の血を引く兄弟よりも固い契りを誓った兄弟分が皆、追手となっている現実が俺を追い詰め、自暴自棄に追いやった。そして、現状からの逃避の道として選んだのが、罪のない一般人を殺《あや》めて警察に保護されるという卑怯未練《ひきょうみれん》な道だった。

物心のついた五歳ごろ、俺はもう施設に預けられていた。施設時代の俺は、しょっちゅう脱走して、街中を徘徊《はいかい》して歩いた。どうして街中かと言うと、当時の施設が市内の中心地にあったこと、それに俺自身が、人が沢山往来している場所が好きだったからだ。でもネ、家々に明かりが灯りはじめると、俺は帰る家もなく、やたらと心が惨めに、寂しくなって、白いズックを重く曳きずって、とぼとぼと、涙を流しながら、下りて来る夜のとばりに追い立てられて、その夜のねぐらの橋の下や空き家をさがして歩いたものだ。

ある時には、窓の明かりからこぼれてくる楽しい親子の団らんの笑い声に、フラフラと夢遊病者のように、その他人の家の庭に進入して、床下にもぐり込んで眠ってしまい、帰ってきた家人に発見されて、追いかけられたこともあった。

その頃俺は脱走常習者で、脱走時の定宿《じょうやど》は橋の下だった。その日は一日中、街中を徘徊したにもかかわらず、一食の食べ物にも有り付けず、水っ腹を抱えて、夕暮れの町をとぼとぼと歩いて、定宿の一つにしていた潮江橋の袂《たもと》に安置されていた地蔵、今もそこにあるのか知らないが、その地蔵の前にたどり着いて、座り込んだ。そして、何となく、ぼんやり地蔵の方に目を向けて、「お地蔵さん、お腹ペコペコやきにィ、何かめぐんでください」と言ったら、ぼんやりした目線の先の地蔵の前に、何かが置かれているのに気が付いた。ビックリ仰天、なんと、それは、大好物のバナナまんじゅうではないか。目前の物を何であるか識別した俺のとっさの行動は素早く、バナナまんじゅうをわしづかみにして、土手を駆け下りて橋の下にもぐり込んだ。翌朝、目が覚めた俺は、味をしめて、地蔵の前に行った。今度は、にぎり飯が置かれていた。幼かった俺はこれは絶対にお地蔵さんが俺に恵んでくれたのやと判断して、その場に座り込んで、大胆に、にぎり飯をほおばった。その途端、背後から、「こら～ッ！この盗ッ人チビが～」と怒鳴《どな》りまくる声。振り向くと、すごい形相をしたおばあさんだった。ビックリというか、その形相に恐怖を感じた俺は飛び逃げて、一目散に走り出した。勿論、にぎり飯は手に持ったまま。それ以来、その橋は鬼門《きもん》になって近寄らなかった。お地蔵さんは今もそこにあるだろうか。

実の親に引き取られた俺は、とにかく超の付く悪ガキだったので、よく親父に折檻《せっかん》された。それでも、俺の悪ガキ振りはやまらず、ある日、親父が義母の裁縫箱から黒糸を取り出して俺の右の人差指に、指輪の様に巻きつけた。そして、こう言った。「人の物を盗りとうなったら、この糸がお父ちゃんやと思うて、その手を引っ込めろ。また、人を叩《たた》こうとして手を上げた時には、この糸がお父ちゃんやと思うて、手を下せ。」要するに、怖い親父が黒糸となっていつも俺と一緒に居て、それが抑止力となったというわけや。でも、糸は糸だから、いつの間にか切れて、元の木阿弥《もくあみ》……。

市内に、坊主を神として崇め祭った薫的《くんてき》神社がある。この神社は、当時、ギャンブルの神だというううわさが流れていた。また薫的には、土佐の大侠客《だいきょうかく》、鬼頭仙ノ助（鬼龍院）が寄進したというお百度石が存在するということから、ヤクザの神といったうわさもあった。で、ある夜中に、俺は女を連れてお参りした。女は一獲千金を願い祈り、おれは大俠客になる夢を願い祈った。が、その願いは叶わず、俺は人生の坂を一七歳で転がり落ちて行った。

小学校に入学した頃の俺は既に盗みの常習者だった。一〇歳ごろからタバコを吸い始め、小学生にして既にニコチン中毒に冒《おか》されていた。ニコチンが切れると、路上に捨てられているシケモクを拾ってきては、それに紙を巻いて吸っていた。超悪ガキだったので、施設の教師からの鉄拳制裁《てっけんせいさい》は日常茶飯事で、それを避けるために脱走を繰り返した。まさにイタチごっこだ。脱走の目的は、盗みと恐喝という犯罪に手を染め、己の欲望を満たすことだった。ボロボロに傷つき、うす汚れてあさましく、当然のことながら、野良犬のような俺を顧みる人など皆無であった。幼い牙を鋭くむき出し、哀しく暗い時代だった。

今朝は納豆が出た。初めて納豆を口にしたのは、埼玉の少年院で、いや、もうビックリだった。「なんなこれは、くさっちゅうぜよッ」と投げ捨てたものだ。それが今では好物になった。が、減塩食なので、醤油が無いのが残念。揚げ物やカレーにもソース、醤油がつかず、物足りない。塀の中のカレーは全国どこでも名物で、人気があって美味い。とは言ってもこればっかりは娑婆《しゃば》（刑務所に入っている人にとっての外の自由な世界を意味する）の人間には勧められないが……。

塀の中の桜の花も、今はもうすっかり散ってしまった。花のいのちのはかなさに、哀愁を感じる。パッと咲いて、パッと散り行く桜の花の美しさ、いさぎよい姿に憧れて、太く短く生きる人生に、愚かな熱い志を抱いた時代がとてもむなしい。

今月の下旬は古里の祭だ。親父の元に引き取られた俺は、ある日突然に「おてもやん」の衣装を着せられ。お化粧をされてカツラまでかぶらされて、祭に参加させられた。今も祭はやっているだろうか。

夢を見た。古里の町の国道筋から町に入る三叉路の前に、小高い丘がある。その頂上で、俺が胡坐《あぐら》をかいて、どっかり座っていた。親父が勤務していた会社はその丘の下に有った。眼下に広がる町並みを、恨めしそうに見下ろして眺めながら、悪に生きてきた極悪人は、何がどう変わっても、所詮は極悪だと烙印を押されて、いくらキリスト者であろうと、親族はもとより、誰からも歓迎されない疎外感、寂寥感《せきりょうかん》に俺はうちひしがれていた。我がことながら、その姿は実に情けなく愚かであわれなものだった。と、下の方から「利夫、利夫よ。早く降りて来なさい」と呼ぶ声が聞こえてきた。それはあたかも、主がザアカイを呼ばれる声のようだった。が、それが誰なのか判別できず、ガキのようにすねて応答せず、どくれにどくれて、泣きべそ顔で居座っていた。すると、突然、頭上の空がみるみるうちに真っ暗くなった。とたんに今度は、強い雨と風が激しく降り始めて、その上に、とてつもなく大きな雷鳴が轟いた。俺はビックリして、肝を冷やし、慌てふためいて夢から覚め、飛び起きた。時刻は、時計がないのでわからない。が、深夜であったことは確かである。窓の外は、激しい雨と風だった。夢の光景と、深夜の窓の外の嵐という現実に、俺は強い霊感を感じ、目が冴えて眠れず、思考を霊眼に切り替え、洞察するうち、ハッとした。

「知識もなく、言い分を述べて、摂理を暗くする者はだれか。」嵐の中から、ヨブに答えて仰せられた主の御声が畏怖《いふ》として、俺の曇った魂に響き渡った。そう、俺は主の摂理を暗くしていたのだ。主が俺たちに期待しておられるのは、過去の解明や未来の展望に意を注ぐことではなく、自分自身の現在を、自分の責任において生きることであるのに、俺は現在の自分の惨状を親や社会の責任に転嫁していたのである。夢は、そのことを俺に教えてくれた。

大人の都合で、他人の家をたらい回しにされ、養父からの非情というか、情け容赦のない暴力と虐待の日々は、俺にとって生き地獄だった。悔しくて、惨めで哀しかった。九歳にして俺は、幼い子どもが泣いて流す涙の感情、喜怒哀楽の意思表示を忘却して、生きて行く希望を喪失して、自殺を決行して、未遂に終わったこともあった。

実父から受けた折檻は激しく、暴力そのものだった。幼い俺の心には狂気にしか映らなかった。その度に半殺しにされて、首をしめられ、ハサミで刺し殺されかけたこともあった。幼い俺の将来の夢は、早く大きくなって養父と親父を殺《や》っちゃることだった。でもネ、大きくなって行動に出たけど、父には手を上げることは出来なかった。養父はと言うと、俺が家に上がり込んで行くと、その殺気に圧倒されたのか、俺に相対して土下座して手を合わせた。

少年無期囚として長い年月をこの獄舎にあって、それでも俺は悪と暴力から離れず、悪に生きてきた。その俺が絶望と悲嘆な暗黒から、キリストの十字架の愛と、神の恵みによって救われた。悪の巣窟に、いつまでも馴染んで生きる、極悪な俺の罪のために、キリストは十字架に血を流して死んでくださった。そして、キリストの十字架に俺は、己の過去も未来も葬り去って、新しいいのちに生れて、新しく造り変えていただいた。「我生くるにあらず、キリストが我がうちに在りて生くるなり」なのに、俺ときたら、未だに、過去の幼くて哀しかった時代に執着して、己の魂をそこに留めて彷徨《さまよ》わせ、迷走させていた。が、今は違う。聖霊によって、盲目だった目が見えるように、視野広く開かれ、聞こえなった耳が聞こえるようにされた。

悪に生きて、なえきった手と足と腰の弱さが、日々聖書を読み、学んで行く中で、確実に実感として強くされているように思う。感謝。

俺は、手紙が苦手だった。今でこそ、書くことが次から次に出て来る。が、以前は、手紙を書くことがほとんどなかった。手紙恐怖症になったこともある。自分が書く手紙も怖いし、特定の人から来る手紙を開くのも怖いという二重苦の重症だった。文字は人を殺すというが、まさにその通りで、俺は言葉の暴力で人を傷つけてきた。兄や親戚への手紙をはじめとして、ほとんどが恐喝《きょうかつ》めいた内容であった。小学校もロクに出ていないと言えば言い訳がましいが、無知で教養がなく、何より、相手を思いやる心が麻痺《まひ》していた俺には、怒りを一方的にぶつけることしかできなかった。怒りをぶつけたら、怒りが返って来る。兄たちやH牧師の怒りを買ったのも自業自得だな。

思えば、刑務所に入るまでは、養護施設や少年院を点々としていて、まともに勉強等したことがなかった。英語は大の苦手で、横文字は見るのもいやだ。漢字には興味があったので何とか書ける。そのことを上田牧師に褒められて嬉しかった。

独房と言っても、四六時中、独房の中にいるわけではない。ある日、運動の連行中、若い職員から荒っぽい言葉で指示命令を受けた。ちょっと矛盾を感じた俺がムカッとして、一瞬、反抗的な態度に走りかけたが、聖霊ブレーキがかかって、心のなかで「すんません」と言ってことなきを得た。

今日も独居拘禁。三畳足らずの独房で、来る日も来る日も、一日中、冷たいコンクリートの壁に向き合う一日がまた始まった。こんな日が三年も続けば、どんな人間でも、感情に大きな穴が開き、傷つき、人間性は崩壊する。内に鬱積《うっせき》する不平不満がいつしか修羅《しゅら》の妄想となって精神に異常をきたす。精神のバランスが崩れて独禁ノイローゼ症状に落ち込む。今まで、独居拘禁生活に耐えきれずに思考が壊れて行く同囚を何人も見てきた。家族や友人の支援があればそれが支えとなるが、それのない者には、自業自得ではあるが、過酷な惨状は否めない。かく言う自分も、今年の八月までは、崩壊寸前だった。ところが、慈愛に満ち満ちて、情け深い主は、そんな俺の目前に一条の光を灯してくださった。聖霊の光が苦難からの脱出の道を我が前に照らし出してくれた。出口あり。主よ、感謝です。独房に射した希望の光をありがとうございます。ここは天国への出口。ハレルヤ。

仮出獄

あれ以来、刑務所暮らしの俺だが、仮釈放となった二年だけ娑婆で暮らした。久しぶりの娑婆の空気は、実にうまかった。が、うきうきした気分でいられたのはほんのわずかの期間で、すぐに暗雲が立ち込めてきた。勿論、最初は「自立更生」の決意に燃えていたのだが……。

身元を引き受けてくれたのは、組の親分の未亡人。その引受人の知り合いという花屋の社長から、内定解消の申し出があり、前途多難を思わせた。世間の冷たい風は、ある程度予想できた。が、困難は予想以上で、大きく俺の前に立ちはだかった。

仮出獄者の就職には、まず法律の壁がある。一定の住居があること。転居、または県外に出る場合は、旅行であっても、前もって保護観察所に書類手続きをして許可を得ること。そのほかにもいくつか遵守事項があって、どうしても職探しの範囲が縮小されてしまう。それ以上に、大きな壁になったのは、現代社会の就職には必需品である運転免許証を所持していなかったことである。

もう一つは、四五歳という年齢。履歴書のほとんどが空欄で、特に職歴が空白では、不審を抱かれるのも当然で、質問がそこに集中すると、しどろもどろになって、結果、不採用の連続。いつしか、「自立更生」の意欲は萎《な》えてしまい、堕落の坂道を転がり落ちて行った。

一度悲観的になると、見るもの聞くものすべてが否定的にしか見えない。そのような俺の心の目には、児童施設時代の幼な馴染みたちが、ヤクザな生き方ではあっても、それぞれが家族を持って、社会でたくましく生きて居る姿が、人生の勝利者のように映った。俺は人生の敗残者だ。そう思うと、敗残者意識が、惨めに己を打ちのめした。

結局俺は、獄舎に過ぎて来た長い歳月の空白を埋める術もなく、焦りもがいて、こころはいじけて挫け、分相応に地道に生きて行く努力を放置して、ずるずるとギャンブル地獄の泥沼に自分から足を突っ込んで行った。そして気が付くと、時すでに遅く、そこは出るに出られない底なし沼だった。

その頃、甥《おい》や姪《めい》が婚期を迎えていて、伯父《おじ》として、みんなの前で「おめでとう」の一つも言いたかった。が、日陰の身とて、それはできない。その自覚はあったのだが、兄たちがひた隠しにしているのが分かって、疎外感が増して、憎しみに変わって行った。また、吉岡家は四人兄弟なのに、三人兄弟が定着している現実を目にすると、作為的な意図を感じて、正気を失ってしまった。そして、兄たちが、自分の幸福な家庭を俺に見せ付けて、優越感にひたっていると邪推し、怨念《おんねん》を募らせた。

「兄ちゃんたちは兄ちゃんたちの辛い苦渋と、世間体もあるのや。そこら辺のことは、お前も男なんやから分かってやれよ」と、入院していた父から懇々《こんこん》と意見された。これが父の遺言となったのだが、俺にはそれを了解するだけの度量はなかった。

俺は、その兄たちの俺に対する負い目を逆手にとって、ある時は激しく居直り、またある時は、泣き落として、兄たちに金銭を強要することを繰り返した。そして、その金はギャンブルに消えて行った。地道に働いていた兄たちにとって、その金銭の捻出は容易なことではなく、一家の死活問題となり、家庭崩壊の危機に追い詰められていたのである。

挙句の果てに、父の葬儀への出席を拒まれた俺は、それに因縁をつけて、無理難題を吹きかけて強引に葬儀に参列して暴れまくった。そのために、家族全員の総意で、俺の獄死を望んでの告訴がなされ、再び無期囚となったのである。

獄中出産として生まれた息子が、児童福祉施設に保護されて育てられていることを知った俺は、家族に告訴されたことは「～自業自得として甘んじて受ける。が、吉岡家は、俺の実子が児童養護施設に保護されて育てられている事実をどのように思っているのかッ」と言った内容の激しい手紙を繰り返し発信して、その真意を問い詰めた。

俺は只、「お前を告訴して塀の中に押し戻したが、そのために生れて来た子どもに寂しい思いをさせてすまなかった」という子どもに向けた謝罪の一言が欲しかっただけだった。勿論、この手紙は無視された。今になって思うことは、これはまったくの筋違いの論法で、聖書にある通りだ。超の字が付く、極悪人に付ける薬はない。

「人を裁《さば》くな。自分がさばかれないためである。あなたがたがさばくそのさばきで自分もさばかれ、あなたがたの量るそのはかりで自分にも量り与えられるであろう」。（マタイ七・1～2）

トラウマ

幼い時の記憶で、楽しかった思い出は一つもない。勿論、楽しい経験が全くなかったわけではないだろうが、それを消し去るほど、哀しい出来事で俺の記憶は満たされてしまったらしい。

幼少期の哀しい出来事はトラウマになるという。俺のトラウマは、裏切りへの恐れである。信じてもいつかは騙され裏切られるというトラウマを、俺はずっと引きずってきた。

親父に引き取られる前に、一時伯母の家に養子に出されたことがあった。跡継ぎにという約束があったらしい。だから、親父のことを近所の親類の優しいオンちゃんだと思っていた。ところがある日、突然父親だと言われてショックだった。だから、幼心にも、大人に騙されることが免疫となって、いつも冷めていた記憶がある。「この家もいつかは追い出される時が来る」というあきらめというか、予測がいつもあった。

逃避行のとき、「俺の実の親であるなら、その親の義務である養育費を受け取る権利がある」と言って、当時の金で十万円という大金を強要したことがあった。おかしな話だが、俺が親父のことを実の父だと実感したのはこの瞬間である。

幼い子どもの魂を大人が、暗い闇の底に突き落とすことは簡単だが、一度落ちたその魂を闇から光の方向に引き上げることは容易ではない。まず自力での脱出は不可能だ。幼い子どもが安心して心も体も休め、すべてを委ねられるのは、親の存在しかない。しかし、その親を信頼して暮らす家庭が崩壊《ほうかい》しているのが今の平成の実相ではないだろうか。

幼い子どもに対する暴力と虐待《ぎゃくたい》、小学生の自殺、自殺と言えば、俺も九歳の時に自殺未遂《みすい》をしたことがある。このようなニュースが溢れている。怖いことだ。自分の息子を含めて、平成の子どもたちに俺のような人生を歩ませたくはない。きれいごとでなく、これが俺の日々の祈りになった。

人生の基盤は信頼にある。信頼の構築はまず親と子から始まる。兄と弟、また友情や恋愛にしても、信頼を欠くことはできない。信頼という基盤を失う経験を幼少期にさせては、断じてならないと声を大にして言いたい。

兄弟仁義

北島三郎の歌う「兄弟仁義」はヤクザの愛唱歌だった。ヤクザならずとも、「親の血をひく兄弟よりも〜」、で始まるこの演歌を、日本人なら一度は聞いたことがあるだろう。この歌は、少年の俺がヤクザの道に足を踏み入れた当時、ヤクザなら誰もが口ずさむ歌だった。イント口が流れるだけで、血湧き肉躍って、「俺が生きる道はこの道しかない」と熱い決意に志は燃えた。

埼玉の少年院を退院した俺は、実家に戻ったが、田舎には友と呼べる者は一人もなく、その孤独感と自分自身の主観的観測から、自分に対する家族の対応に、寒々とした空気の重さを感じ、押し潰されて耐えきれず、施設時代の仲間を頼って市内に出て行った。

「親の血を引く兄弟よりも、かたいちぎりの義兄弟」を、文字通り、地で行ったのや。男心に男が惚れて、俺は兄貴分の若頭から盃をもらって義兄弟の契りを固く結んだ。兄貴分にこの命を預けて、組のために身体を張って行く覚悟であった。

仲間から紹介されて出会い、知り合った当初の兄貴分は男前で、二十代にしてはすごく貫禄があって、格好良くて、少年院を退院してきた俺のために放免の祝宴を催してくれて、祝儀まで包んで手渡してくれた。

組織の中においても、また他の組織に相対しても、押し出しが良くて、県下のヤクザは誰もが一目置いていた。

しかし、「馬には乗ってみよ。人には添うてみよ」と言うが、兄貴分に四六時中添うてみて、初めて俺は、兄貴分の本性を目の当たりすることになった。酒癖も女癖も悪く、舎弟の俺の内妻まで手籠《てごめ》めにしようとする始末だった。おまけに、金銭には細かく異常なほど貪欲だった。毎月の組費五千円が滞ると、相手の困窮にいっさいの配慮もなくブチ切れる人だった。

今、振り返って、己の心を透視してみると、「男心に男が惚れた」の俺の熱い思いの裏には、この人に付いて従って行けば、まちがいなくいい目が出て、上に駆け上っていけるという打算が隠れ潜んでいたように思う。いや、思うのではなく、間違いなく潜んでいた。

だから、ヤクザの盃事《さかずきごと》の儀式には必ず祀《まつ》る三神（八幡大神、天照皇大神、春日大社）に誓って、固く結んだはずの義兄弟の盃の契りは、実に脆《もろ》く、いともたやすく切れてしまった。「こんなはずではなかった」と、失望落胆はいつしか憎悪となって、兄貴分に強い反発を抱き、ついに爆発して意見対立、組を追われる身になった。

親の血をひく兄弟よりも
かたいちぎりの義兄弟
こんな小さな盃だけど
男いのちをかけてのむ

(JASRAC 出 1507222-501)

イエスの時代、朝も昼も夜も、イエスと寝食を共にして、また苦楽を共にした弟子たちがいた。彼らはイエスから直接福音を聞き、イエスの癒《いや》し、救い、死者のよみがえりまで目撃し、イエスを神の御子キリストであると信じながら、それでも、イエスの逮捕の土壇場で、イエス独りを残して皆逃げ去った。亜麻布を脱ぎ捨てて、裸で逃げ散った者も居たようだ。彼らは如何に慌《あわ》てふためいていたか想像できる。

悪の極みを生きて来た俺が、自分のことを棚にほうりあげて、使徒たちの胸中と言動を推理し、詮索するのはシャレにならないが、上田牧師に出会う以前の俺は、己が歩いてきた過去を比較して、いっさいを捨ててイエスに従った使徒たちに、損得の勘定はなかったのだろうかと疑念を抱いて、聖書を調べ捲《まく》ったことがある。が、そのようなことを調べたとて何が得られようか。

で、俺は何が言いたいかというと、それは、失意の弟子たちを立ち上がらせたものは何かということだ。イエスを見捨てて逃げた弟子たちの胸にあった深い忸怩《じくじ》たる思い、悔恨と喪失感等々、失意のどん底に打ちしおれた弟子たちは、それぞれ家の中に閉じこもっていたり、漁師に戻って漁をしたりしていた。その彼らの目前に、復活したキリストが出現し、彼らの中に立って、裏切りに対する罪を責めて詰問せず、ぐち一つ言わず語らず、只々優しく、そして温かく包みこんで、「平安があなたがたにあるように」、また「聖霊を受けなさい」と言われた。

使徒たちがいつも勇敢であったのは、主がいつも側に居てくださったからであった。そのイエスに代わる聖霊を神からの賜物として戴いたのだから、彼らはどれほど勇気づけられたことか。背中を向けて逃げた使徒たちが一転して十字架の福音に命を投げ、至る所で福音を宣べ伝えて、進んで行けたことがその証左である。

イエスは弟子たちを「友」と呼ばれた。そしてこう言われた。

「人がその友のために自分の命を捨てること、これよりも大きな愛はない。
あなたがたにわたしが命じることを行うならば、あなたがたはわたしの友である。
わたしはもう、あなたがたを僕《しもべ》とは呼ばない。
僕は主人のしていることを知らないからである。
わたしはあなたがたを友と呼んだ。
わたしの父から聞いたことを皆、あなたがたに知らせたからである。」

（ヨハネ一五・13〜15）

離縁状

　この塀の中の既婚者、特にロングの服役にある者は、受刑生活の日々の中で、いつも嫁との離婚を視野に入れて、覚悟している。勿論この俺も、その一人だった。嫁から切り出される離婚の話や、また一方的に、ある日突然に離婚状が届くことを想定して、男らしく、格好良く、「そうか、よく分かった。長いこと肩身の狭い思いをさせて、苦労をかけた。すまん！　俺のことは忘却の彼方に忘れ去って、倖せになってくれ……」といった別離の最後の決め言葉をマジに常日頃からシュミレーションしているのや。

　がしかし、その俺たちの、いや、俺個人のことを言うと、現実には、その局面に相対した途端、覚悟は、女々しくも情けなくも、未練たらたらと崩れ去ってしまった。

「嫌いになった訳ではないけれど、疲れました」との手紙に同封されてきた突然の離縁状に、俺は利己的態度で激しく逆上した。後日面会に来た嫁と激しく口論となった挙句に、俺は彼女を口汚くののしって罵倒《ばとう》し、幼い子どもの前で、無様《ぶざま》な醜態《しゅうたい》をさらしてしまった！

仮出獄中という身でありながら、正業につく努力を怠り、挫折して放棄し、いつしか彼女の優しさと稼ぎに寄りかかり、ヒモ生活にどっぷり浸かって堕落して行ったこの俺は、最低の亭主だった。

彼女には、長期の服役から出獄してきたばっかりだとは打ち明けたが、無期懲役の仮出獄中だとは、どうしても言えなかった。だから、友人、知人に箝口令《かんこうれい》（口止めをすること）を出して、そのことは絶対に言わないようにと釘を刺しておいた。自分の打算で、欲望の塊であった俺の愛に、夫婦の信頼の絆の花が咲くはずはなかったのや。

嫁から突き付けられた離縁状は、俺自身の愚かさというか、この身から出た錆であることは自明のことだ。

四〇歳を過ぎたオッさんが、チンピラの様に若い女のヒモ生活ではシャレにならんだろうと、職先を紹介してくれた古い友人もいたが、その頃の俺は、既に己の魂をサタンに売り渡して、最低の男の矜持《きょうじ》（自分の能力を優れたものとして誇る気持ち。自負。プライド。）も持ち合わせていなかった。

今振り返ってみると、彼女は、この世の中で、たった一人の理解者であり、この俺を真剣に愛し、命を捧げてくれた。にもかかわらず、俺は何一つとして、その愛に報いず、悪をもって返し、息子ともども、不幸のどん底に突き落としてしまった。

キリスト者はキリストの花嫁だという。身体も心も醜く汚れて、極悪に生きて来た俺が、キリストの十字架の恵みに救われ、花嫁とされたのだ。肉の婚姻には敗れたが、この花嫁としての立場に躓くことは断じてできない。日々、福音に生かされて、キリストの花嫁として、主との関係を構築して行かなくてはならない。肩肘張らず、気負わず、只々、聖霊の風によって吹かれ、この身を委ねるのみ。

「何やこれはッ」

上田牧師からの第一便に、「エン・クリストオはギリシャ語で、キリストにある（者）という意味です。パウロの特愛のことばでした。キリストにあること、それが救いの唯一の条件です」とあった。これを読んだ俺は、「キリストにある」、そうか、と軽くスルーして、読み進めた。ところが、牧師から差し入れして戴いた書物を読み進めて行くうちに、何度もこの言葉が出てきて、「何やこれはッ。この牧師はいったい何者や」とばかりに、一気に読んだ。

内在のキリスト、福音、キリストに埋没したエン・クリストオの人生、キリストを着る、これらのことに霊的な興味を抱き、強く魅かれた。そして、イエス・キリストに在るという俺の概念というか観念が木端微塵《こっぱみじん》にフッ飛んでしまった。というのは、主イエスはいつも自分の「側に」居てくださるというのが俺の認識だったからだ。

俺はコリント人への手紙をよく読むのだが、それを書いたパウロは、弱いようでありながら、それでいて堂々としている。俺は、その姿勢と福音伝道に魅了されているのだが、彼の強さは、主イエスがいつも共に居てくださるという信頼に、聖霊様の強力な働きと導きが注がれているのだと思い込んでいた。ところが、「あなたがたは……イエス・キリストがあなたがたのうちにおられることを、悟らないのか」(5節)と、コリント後書一三章に教えられ、心を砕き、心を新たにすることができた。ハレルヤ！

上田牧師に「聖書はブックブックで読むべきだ」と教えられた。何年か前に『一日一章』という本の広告が目にとまった俺は、「よっしゃ」これで行こうと進めて来た。また、H牧師の牧会は、「これが聖書のいう罪で、愛はこうです。こうありなさい。これを学びなさい」と、その度に聖書の一節で導かれてきた。だから、聖書の、ブックブックとしての意味とその流れにある著者の真意を見損ない、的外れな解釈をしていたことに気づかされた。この数日で、そのことを確認できて、また一つウロコが落ちた。ハレルヤ。

信仰を捨てる?

第三便で、「信仰を捨てる云々……」と書いたら、上田牧師から「信仰を自分の所有物であるかのように、お守りや魔除《まよ》けのように考えてはならない」というご指摘を戴いた。もっともだ。反論の余地は全くなく、赤面の至りだ。

俺は「信仰を捨てる」と言ったのではない。その逆である。H牧師に見限られたときのショックが尾を引いて「主よ、私は決して信仰を捨てたのではありません。この塀の中の独居拘禁の中で、Ｈ牧師のいたわりと励ましの優しい言葉がほしかったのです。でもそれは肉の弱さでした。どうか主よ、私の愚かな罪を許してください」と祈った。だがその時、絶対にこの信仰は捨てないぞ、と思ったことも事実で、上田牧師にそのように言われると一言もない。

あの時、「私はあなたの神の家族です。私は決してあなたを捨てません」とのＨ牧師の手紙に酔ってしびれ、その言葉に固執して、すがって今までやってきたのだから、尚さらだ。今一度、信仰の原点に帰って、悔い改めなければならない。

上田牧師と出会って、日は経っていないが、不思議と随分前から知っているかのように感じる。それは、差し入れして戴いた沢山の本やパンフレットの中に、牧師の人柄をしのばせるエピソードがちりばめられていて、そのような感じを抱かせているのだと思う。

牧師は、頭が低くて、男の優しさと厳しさを合わせ持ち、情もあって、人間味を感じる。牧師に人間味を求めることはいけないことかもしれないが、心が魅かれる。

上田牧師は、少し短気な所があるが、そこがまた魅力で、親しみが持てる。昔、仲の良かった囚友が俺の性格を分析してこう言ったことがある。「吉さんは、少年がそのまま大人になった様な性格で、天真爛漫で、激しやすく冷めやすく、ちょっと理屈っぽい。」俺はムカッとしたが、反論できず、苦笑するだけだった。

郵便はがき

料金受取人払郵便

本郷局
承認

8821

差し出し有効
期間平成29年
7月2日まで

1 1 3 8 7 9 0

東京都文京区本郷4-1-1-5

株式会社 ヨベル 行

1 1 3 8 7 9 0 17

裏面にご住所・ご氏名等ご記入の上ご投函ください。

●今回お買い上げいただいた本の書名をご記入ください。

書名：

●この本を何でお知りになりましたか？

1.新聞広告（　　　　　） 2.雑誌広告（　　　　　） 3.書評（　　　　　）
4.書店で見て（　　　　　書店） 5.教会・知人・友人等に薦められて

●ご購読ありがとうございます。

ご意見、ご感想などございましたらお聞かせくださればさいわいです。
また、読んでみたいジャンルや書いていただきたい著者はどんな方ですか。

ご住所・ご氏名等ご記入の上ご投函ください。

ご氏名：＿＿＿＿＿＿＿＿＿＿＿＿＿＿＿＿（　　　歳）

ご職業：＿＿＿＿＿＿＿＿＿＿＿＿＿＿＿＿＿＿＿＿＿＿＿＿

所属教団・教会名：＿＿＿＿＿＿＿＿＿＿＿＿＿＿＿＿＿＿

ご住所：（〒　　　-　　　　）

＿＿＿＿＿＿＿＿＿＿＿＿＿＿＿＿＿＿＿＿＿＿＿＿＿＿＿＿

＿＿＿＿＿＿＿＿＿＿＿＿＿＿＿＿＿＿＿＿＿＿＿＿＿＿＿＿

電話：　　　　（　　　　　）

e-mail：＿＿＿＿＿＿＿＿＿＿＿＿＿＿＿＿＿＿＿＿＿＿＿＿

「あなたの原稿が本になります」（自費出版含）

本の出版の方法に対して、丁寧なアドバイスが好評を得ております。この機会にご検討ください。本ってどんなふうに作るんだろうというご質問から丁寧にお答えします。

人生の歩み（自分史）、随想、歌集、研究書等を人生の記念として「一冊の本」にまとめ、制作してみませんか。制作の困難な部分をお手伝いさせていただきます。手引き**「本を出版したい方へ」**を差し上げております。興味のある方はご一報くだされば送付させていただきます。

最近は、教会創立記念や会堂建築記念に「記念誌」、「説教集」、「証し集」等を制作する教会が増えています。足跡を辿る貴重な記録となります。機会を逃さないで制作してみては如何でしょうか。資料を進呈しています。

資料**「本を出版したい方へ」が（必要　　必要ない）**

見積(無料)など本造りに関するご相談を承っております。お気軽にご相談いただければ幸いです。

＊上記の個人情報に関しては、小社の御案内以外には使用いたしません。

どうやら、性格というものは変わらないようで、パウロも武闘派だったサウロ時代の癖が抜けず、論戦になっても、やっぱり戦闘的だ。上田牧師は俺のパウロで、俺はテモテや。

信仰の第二ラウンド

休日には、小机の上に、いつも聖書を置いて一日を過ごすのが日課であった。が、今は差し入れして戴いた上田牧師の本とメッセージを、聖書とセットで置いている。そして、今日からは牧師の写真が仲間に加わった。どこの馬の骨だか知れない俺のような獄舎者に愛を向けてくださる牧師の気遣いに、男泣きして、流れる涙が止まらない。

聖書を読み始めたとき、福音書の学びから始めたが、「これは、大変な道にはまりこんだねやッ」と正直後悔した。やめようか？　とも思った。が、ここで投げ出したら、周囲に格好がつかんと、読み進めた。そして、そのうちに不思議と聖書を常に手にして夢中になって読むようになった。同囚からは「クリスチャン・デビューですか。頑張ってください」と、言ってくれる者や、「キリスト教はやめなはれ。」や、冷ややかに傍観する者までいた。

「聖書の真理は愛です。神はアガペー(ギリシャ語)の愛です。自己犠牲型で惜しみなく自分を与えるアガペーの愛です」とH牧師に教わった。極悪に生きた俺にとって、これはとてつもなく不可能な難題に思えた。しかし、その難題に取り組み、思いをめぐらせて行く過程が有意義のように思えた。マタイ福音書二六章から十字架までのイエス・キリストの心中を思うと、俺は、目頭を熱くして、読むのが辛かった。罪も無く、十字架にいのちを捨てに行かれる主イエスの覚悟と、恐怖もあったと思う。生身の人間なら当然ではないだろうか。

「わたしは悲しみのあまり死ぬほどです。ここを離れないで、わたしといっしょに目をさましていなさい」(38節)とイエスは弟子たちに言われた。この悲しみは何だったのか。十字架の死を目の前にして、なお弟子たちのことを思いやる愛に、俺は引きつけられた。そして、俺たち、いや俺の罪の贖いのために十字架に死んでくださったのだ。主イエスが十字架に歩まれた足跡は、まさしく愛だ。常に弱者に向けられた視線は愛であり、罪人にも差別なく、温かく接し、かつ、相手がどのような地位や組織を背景にしていようと、非は非として妥協を許さず、決然と厳しい態度で、堂々と意見注意するイエスに、俺は、これぞ真の男だと思った。イエスの男の度量と所作に憧れ、男が男に惚れるとはこのような人物に惚れるのだと思った。上田牧師の先の手紙で、誤解があったようなので、それを訂正する手紙を出した。

「牧師の誤解をひとつ訂正させてください。それは牧師が言ってくださった『正義感や義侠心』と言ったものは、一片の欠片も私にはありません。この塀の中には、そのようなものは、風化した化石のようにも等しく、ものの役にも立ちません。いや、むしろ忌み嫌われる存在です。獄舎という所は、自己の主張と権利は根底から否定されております。ですから、もろもろの出来事で前に出て行って官側やまた同囚に対して、意見や注意をする者は、数々の同囚間のトラブルを抱え、なおかつ、体制からの不利益（閉居罰等々）を被る覚悟が必要となります。だから、必然的に、自分の身に、火の粉が降りかかってこないかぎり、何事にも見て見ぬ振をして、『我関せず』と、見猿・聞か猿・言わ猿を決め込むのです。裏返すと、それは、実に男として腹黒く狡賢《ずるがしこ》い生活態度なのですが、これが塀の中で、事故（反則行為）なく生きて行く鉄則であり、それが一日も早く仮釈放をもらって家族の側に戻る秘訣というか、術なのです。それと、塀の中には工場内はもとより、いたる所に非常ベルが設置されていますので、それが鳴ると、一分内に職員が五〇人から百人位、すっとんで来ます。だから私たちが間に入って止めることは厳禁で、またケンカであっても、相手に傷を負わすと、事件送致となって、刑期が加算されます。

イエス・キリストに惚れて、そのイエスの十字架の恵みによって罪がいやされ、救われた、この感激と喜びに当時の私は舞い上がっていました。そして、聖書の上面だけを引っ提げて周囲にキリストを伝道し、福音を告げ知らせることが己の使命のように思えたのです。しかしそれは、信仰の確立もなく、まして、神に対する感謝の心と、祈りの伴わない伝道は、むなしく愚かで、底は見えていたのです。

『あなたの隣人をあなた自身のように愛せよ。』この『あなたの隣人』を私は、自分が好意を寄せる隣人と限定して、愛を履き違えたのです。で私は、日頃から悪感情を抱いていた横暴者に苦慮する弱者に合力して『我関せず』の姿勢を崩して旗色を鮮明に打ち出して、挙句に、それらの一掃を、暴力をもって解決に走ったのです。

あれから三年が過ぎてきました。まだまだこれから先、多くの問題と困難に私は突き当たると思います。しかし今は、以前の私ではありません。エン・クリストオに生きて、キリストを着る者です。ですから、サタンの誘惑と果敢に戦い、その困難がいかに厳しく暗いものであっても、エン・クリストオの勝利を信じて、主に信頼を置き、臆せず、堂々として、困難の上を歩いて行きます。聖霊様の導きによって、聖霊の真理が、私の進むべき道の方向を照らしてくださるでしょう。—敵を愛し、憎む者に善を行い、のろう者を祝福して、侮辱する者のために祈らなくてはなりません。福音に生き、福音に育ち、己を強く雄々しくて、日本男子のエン・クリストオにならなくてはなりません。頑張ります。」

一〇月三日の日曜日は記念すべき日となった。上田牧師から差し入れていただいた『日本の福音化のために』——日本の魂に福音そのものを——を、一気に読み切った俺は、もやもやとしていた目の前の霧が、スス～ッと消えて、すっきりと晴れてすがすがしく、それはまるで、憑《つ》き物が落ちた様な感覚だった。目次が変わって行く度に、ハレルヤの連続で、興奮と喜びに霊の心は舞い上がった。何故そんなに舞い上がったかだって？　掴《つか》みかけていたエン・クリストオの意味がはっきりしたからだ。が、そこに至るまでが大変だった。

牧師の本の中に頻繁に出て来るエン・クリストオと福音の人、キリストを着るということや、聖霊の共労者等に、思考が一辺に集中して、パニック状態に陥っていた。俺は激流に飲み込まれて流され、慌てまくった。聖霊様の導きを直感しながら、思考が追い付かず混乱して、回線がショートして右往左往というのが実情だった。

「聖霊様、俺の頭脳の悪さと、回転反応の鈍さはご存知でしょう。もう少しゆっくり進めてください」と嬉しい悲鳴を上げながら感謝して祈った。

本を読み切ったとき、俺の信仰の第二ラウンドのゴングが鳴った。勿論、これが最終ラウンドであり、遺された生涯がこの獄舎であっても、福音の人、エン・クリストオの人生で終わらなくてはならないという決意に燃えた。「福音は単純明快な事実。」その通りだ。「内在のキリストを信頼しないで、キリストを信じる自分の信仰や、徹底した悔い改めを頼りにする信仰は、パウロのいう異邦人の福音信仰ではない。自分に信仰があるかどうかが問題なのではない。自分のうちにキリストがおられるかどうかが問題なのである」と記されたメッセージと、牧師の直筆で「これがエン・クリストオの精神です」と書き込まれていた。

実にありがたかった。が、それでも俺は頑迷で、自分の信仰に固執して、その意味をかみ砕かず、スルーして来た。

この三年半は苦悩の中に打ち過ぎた。己の醜《みにく》い悪の正体を暴露される度に、自己嫌悪に落ち込み、時にはそれを肯定する。その裏では否定し、暴れて粗暴にして抵抗した。独房のなかでたった独り、毎日毎日、己の罪と向き合い対峙《たいじ》してきた。それが己に課された、主を信じる信仰の闘いだと位置づけてきた。そのように聖書を学んで来た俺は、パウロの言葉を深くかみ砕かず、スルーしてきた。

俺が「悔い改め」を信仰の闘いとして掲げていたその旗印は、単なる私戦の「愚か」という旗印だった。そしてそれは、すでに朽ちて色あせ、地に落ちているというのに、後生大事に引っ提げていた。――エン・クリストオ、主の内在と、主の十字架を抜きにして、福音が成り立つはずがない。そして、キリストをこの汚れた体に着るということは、キリストの全てを着るということだ。だから、性根を入れてかからなくてはならない。「主に信頼して、十字架の言《ことば》だけを頼りに生きる。」エン・クリストオの力に頼らなければ、俺の福音信仰、福音生活はあわれなものとなる。

俺の悪の根は深く、そうたやすく取り除くことは不可能だ。主はその不可能を、己の罪の身代わりになって十字架について血を流し、可能にしてくださった。――これからの俺は、ありのままの自分でありたい。悪に汚れ、小指も切断して欠け、体には刺青《いれずみ》もある。が、エン・クリストオの者としての生活と態度であらねばならない。そうあることによって、聖霊様に天の御国に相応しい者に造り変えていただけるのだと思う。

三本の十字架

ゴルゴタの丘に建てられた三本の十字架があった。中央がキリスト。両脇に強盗がいた。ひとりがイエスを罵《ののし》ったので、もうひとりがこれをたしなめて言った。

「お前は、同じ刑罰を受けながら、まだ神を恐れないのか。俺たちは罪を犯したから捕まって十字架につけられたのだから、当然の報いだ。が、この方は何も悪いことはしていないのだぞ。」

そして、イエスにこう言った。

「あなたが御国に行かれたら、私を思い出してくださいね」と。

するとイエスは言われた。

「今日、あなたは私と共にパラダイスにいるであろう。」（参照ルカ23・40～43）

この時のイエス・キリストの言葉こそ、俺の希望であり、救いのともし火となった。バプテスマも受けず、教会にも通わず、罪を犯してばかりのこの俺でも、キリストに、そのように言っていただけるのではないかと思うと、何だか心が温くなって、希望が湧いてくるのだ。

教誨師は、バプテスマは大事だ。バプテスマを受けなければ救われないと言うが、では、バプテスマを受けたら本当に救われるのだろうか。バプテスマを受けて、真面目に教会に通っていても、本当に信仰があるとは限らない。家の宗教だからと割り切っている者もいるだろうし、試練や困難のために信仰を失う者もあるだろう。そんなとき、バプテスマを受けていることが、何の力になるだろうか。

あの強盗は、その日に死んだのだろうから、バプテスマを受ける間はなかった。それでもイエスに、「あなたは今日、私と共にパラダイスにいるであろう」と言われたのだから、俺にも希望はあるはずだ。ずっとそう思っていた。そして、ついにその希望が、現実味を帯びる時が来た。

牧師の著書の中で、「洗礼の実質的内容は、キリストを着ることにある。それを脱がずに、着用を続けることにある。人は儀式では救われず、儀式は象徴に過ぎない」という記述を見つけたとき、思わず、「そうです」と声が出た。

あの強盗の例があっても、信仰だけでは聖霊様はいただけないと、心の底では疑問を払拭できていなかっただけに、本当に嬉しかった。

信仰の矢

古里の教会に出会って二か月が過ぎた。激動のふた月を振り返ると、まさに夢のようだ。奇跡の出会いから始まった嵐のような文通は、俺の信仰に革命を起こし、信仰を覚醒し、雄々しく立ち上がらせてくれた。その始まりが「信仰の矢」だった。

牧師から届く本と毎週のメッセージが、まさしく、熱くて焼け付く信仰の矢となって、俺の胸に深々と突き刺さった。その矢尻は鋭く、俺の信仰の観念にある、いくつかの疑問とズレの核心を的確にとらえてヒットした。が、エン・クリストオという、耳慣れないことばには、さすがに戸惑った。

次々に送られてくる本は、片っ端から読破した。二度目は、辞書と聖書を側に置いて、ゆっくり読んだ。本に傍線を引き、丸印も入れたい。が、それをすると、それが外部に向けた意図的な通信文、または暗号の疑いとなって、その本やパンフレットの宅下（面会時）、宅送（郵送）が不可になるので出来ない。不便でしょうがない。

牧師の書かれる文章は、論理的で分かりやすい。その上説得力がある。それでいて、牧師としての押し出しというか、威圧感はない。命令的でもなく、それでいて鋭く、ちょっと短気な面もあって、優しく、厳しく、人間味がある。好感がもて、敬服した。そして、心は出会いの奇跡に舞い上がった。こんな時、「主は、生きて居られる」というのだろうかと、ふと思った。

俺にとって主は、いつも側に居てくださる存在であった。が、その認識と自覚に、「ちょっと待てよッ」と待ったがかかった。朝も昼も夜も、夢の中でも頭から離れず、毎日が古い思考と戦う革命の日々だった。革命というのは、少し大袈裟かもしれないが、この二か月は、マジにその表現がピッタリくる。

頭から離れない思考には限界がある。知恵と知識があれば別だが、それがない俺は、グ、リ、コした。つまりお手上げだった。で、俺は、聖書が言っていること（ガラテヤ二・20〜21：参照九八頁）に従順であるべきだと結論した。側に居て、共に歩むと、「内在」とでは、対比の余地もなく、その差は歴然だ！

信仰の矢は、俺の胸に突き刺さり、俺を引っ掻き回し、革命を起こした。が、その矢は、俺の生まれる前から主によって用意されていたものであった。まさしく、主は生きて居られる。

「矢と歌」

第二便を出した後、すぐに返信があった。中に「信仰の矢」というメッセージがあり、まず、その題名に驚いた。
「矢と歌」というのは、一九世紀アメリカの詩人ロングフェロー（Henry Wadsworth Longfellow, 1807~1882）が詠んだ短い詩や。

われ蒼穹《おおぞら》に矢を射たり
地におちていずこか行方も知れず
天《あま》かけることいと速く

眼《まなこ》これを追うをえず
われ蒼穹《おおぞら》に歌をつぶやきぬ
地におちていずこか行方も知れず
天《あま》かける歌を追うほどに
鋭く強き視力あるべき

幾歳月《いくとしつき》流れながれて　樫の木に
矢折れもせず突きたつを見いだしぬ
かの歌もはじめより終わりまで
友の胸にわれふたたび見いだしぬ（飯島正久訳）

上田牧師のメッセージは、ここにある「矢と歌」の経験が、俺と牧師の間においても実現したというものだった。

牧師は、この詩を、『老境の収穫』（飯島正久著・築地書館）で知ったそうで、それを知らないはずの俺が、第二便の中で、「熱くて焼け付く信仰の矢を俺の胸に深々と突き刺してください」と祈ったことを知って、これは自分の「矢と歌」だと直感されたのだ。

牧師は、毎週のメッセージを書き止めてパンフレットにして、これを定期的に全国に発送してこられた。そして、その著書は数多い。が、それを読む人は少数であって、大空に矢を放つようなもので、どこに落ちたかもわからず、そのまま朽ち果ててしまうのかと内心思っておられたという。それが、思いがけず、折れることもなく樫の木に突き刺さった矢のように、俺の胸のど真中を貫いたことを知って驚いたとメッセージに綴られていた。

牧師の手紙とメッセージ、それに本は、俺の鈍い琴線に触れて、流れる涙が止まらなかった。誠に主の愛は深く、如何に自分が主に愛されているかを実感した。

「井の中の蛙大海を知らず」というが、獄舎にある俺は、牧師の説教に、霊力というか、強い力を感じ、感銘した。牧師の説教は、今の俺に、豊かな川の流れとなって注がれ、満たし、癒してくれた。信仰に肩肘を張ってきた俺の身体がすごく軽くなって、目の前がとても明るくなった思いがした。と言って、信仰が軽くなったというのではない。う〜ん。要するに俺は、イエスのくびきを、鎖のように首から巻きつけて締めていたのだ。それと、本の紙面上で、多くのキリスト者との出会いは、名前だけであっても、獄舎で主を賛美する励みになった。

無縁塚

「それぞれに終《つい》の地あり木の葉舞う」

これは俳句をやらない俺が五〇歳を過ぎて詠んだものだが、決して自分の死を深く洞察して「人間至る所青山あり」というように達観したというのではない。再度の出獄という希望を断ち切って、獄死するという、野たれ死にの覚悟を固め、国の無縁塚に入ることを決意した時に詠んだものや。

無期囚に身元引受人の存在が皆無であれば、獄死は必然で、刑務所の無縁塚入りは既定の事実と言っても過言ではない。それが、悪に生きて来た自分の帰結、死にざまだと開き直ったと言ってもよい。

何で、こんな話をするかと言うと、「人は生きてきたように死ぬる」という言葉を聞いて、

「ちょっと待てよッ」と思ったからや。この年になると、どうしても、己の死ということを、正直言って、ものすごく身近に感じて、そんな言葉に敏感になる。

話は変わるが、ここの無縁仏たちも、生まれた時から天涯孤独で無縁の身であったわけではないし、それぞれに両親が居て生まれて来たことに変わりはない。「生きざまが悪かったから、それにふさわしく死ぬんだ」と言われれば、一言もない。が、本当にそうなのか？　それでいいのか？　と思うようになった。

俺は何のために生まれ、
何のために生き、
何のために死ぬるのか。
この三つの命題が、独房での俺の主要関心事であった。

思えば、「俺は何のために生まれたのか」。この第一の命題を、物心付いた頃から突き付けられ、「何のために生きるのか」については、生きて来た時間の半分以上が刑務所の中で、一八歳で服役してからは、仮出獄の二年間だけが娑婆での生活だったのだから、苦しむため、懺悔するために生きるとしか言いようがない。刑務所生活は楽しくあってはならないという言葉が頭を離れることはなかった。勿論、己が殺めた人の菩提を弔うための祈りの生活はなければならない。が、それがここの生活のすべてなのか。そのほかのことは何も考えてはいけないのか。自分が何のために生れ、何のために生きるのかというようなことを考えることは、無期囚には許されないことなのか。

その上に、「何のために死ぬるのか」という問いを遮《さえぎ》るように、「人は生きて来たように死ぬる」と言われたら、「ちょっと待てッ」と言いたくもなる。

誰も無縁仏になるために生れた者はあるまい。誰にでも両親はあり、その両親のふた親がいるはずで、生まれながらの天涯孤独な人間は理屈の上では存在しない。

何のために生きるのかについても同じことが言えるのではないか。この世に生を受けた以上、人にはこの問いを発する権利がある。

何のために死ぬるのか。これも同様だ。生きている者は必ず死ぬ。病気で死ぬか、事故で死ぬか、殺されるか、寿命で死ぬかは選べないが、死ぬことに変わりはない。一度は死ぬのであれば、誰にでもこの問いを発する権利があるはずだ。

死ぬのは怖い。死刑囚でなくても、この年になれば死について無関心ではいられない。自分の死を恐れないと言ったら嘘になる。でも今の俺は、死を恐れることより、俺にはこの肉なる身体が朽ち果てる時まで今日を生きて、主の十字架の福音の喜びを証しすることが福音の本質だと思う。

人間にとって、よき死とは何をさして言うのだろうか。それぞれの生があるように、死もまた同様である。家族に愛され、見守られて死に行く者、また痛みに苦しくもがいて死に行く者もあれば、穏やかに静かに死に行く者もある。独り寂しく孤独に死に行く者もある。

俺はそのような死を、年齢と共に、己の視野に置いて、怯え震えていた。が、この休養中に多くのことを思い考えて祈るうちに、不思議と、俺の前からハデスに対する恐怖が消え去って行った。ハレルヤ。

ついでと言っては何だが、実の母親の墓について、思い出したことがある。顔は覚えていない。が、墓が吉岡家の墓地にあると聞いて行ってみた。すると、墓地の片隅に、ひっそりと置かれていた。母方の親戚に問い質しても、誰も黙して語らなかった。だから、なぜそうなったかも、何があったのかも皆目わからないのや。

独居生活の恵み

独居生活は辛い。が、恵みもある。第一の恵みは何と言っても自分独りの時間を持てること。これに尽きる。何もすることがなくて独りっきりというのは、確かに辛い。だが、祈りだとか、聖書を読むとか、やることがあれば、話は別や。

手紙を書くのも読むのも、やはり独房の方が落ち着く。上田牧師の手紙は、官側が特別に許可してくれており、来信も、同様なのだが、いつ不可になるか分からない。「特別発信」の願書と一緒に毎週月曜日に提出しているが、不安はなくならない。

平成一八年五月に、監獄新法が施行される以前は、親族と官側が認めて許可した身元引受人以外との外部交通は不可能だった。しかし、新法で緩和され、当所では親族外者（友人、知人）との外部交通を五名迄申告が許されている。ただし、反社会的（暴力団員等）集団に属する者の申告は厳しくチェックされる。それをかいくぐって、不法申告する者が居てることから、現在では、定員の空があっても、申告の更新と追加申告は中断されている。

平日の朝は、すべて職員の号令で動作するから、祈りの時間は五分位しか取れず、聖書を読むこともできない。が、休日はゆっくりできる。でもこれは、独居生活の恵みであって、雑居だと、定員八名の集団生活なので、こうは行かない。

で、今日は休日なので、祈りも聖書を読むことも、思う存分できた。――まず主の祈りと、息子のことや犯罪に走る平成の子どもたちのこと、もろもろのことを祈って、聖書からは、ローマ書六章4節から7節を読んで祈りとし、使徒信条で終わりとした。今月はガラテヤ書を中心にして聖書を読んでいる。

そうこうしているうちに、九時半になり、ラジオのスイッチが入った。工場区に出役している者たちはこの時間から一一時までテレビの視聴が許される。が、チャンネルは、ラジオもテレビも、官からの指定で固定されている。――窓の外は、昨日の昼から降り始めた雨が、今も降り続いている。

獄中書簡

九月二六日に上田牧師から手紙が届いた。中身は毎週のメッセージ。最近連続八回にわたって俺の手紙を取り上げていただいた。このような獄舎者の証しを、毎回聞かされる教会の皆様には申し訳なく、恐縮するばかりだ。

牧師は俺の手紙に「獄中書簡」と名を付けてくださっている。メッセージに自分の手紙の文面が記されている度、正直言って、自分が書いた文章にビックリする。「手紙は下書きして、よくよく吟味して清書しなさい」と叱られて、下書きをしたこともあるが、それをすると、余計に文章をひねくり回して、訳が分からなくなるので止めてしまった。それにしても、これらの文章は、聖霊様の導きによって書いたものだと改めて確信した。

牧師から「ヘブル書一一章は、『信仰によって』という箇所を、『信頼』と置き換えて読むといいですよ」と言われて、早速に実行してみた。すると、点が線になるように繋がって、主イエス様の存在が、すごく身近に感じられて、ビックリした。

俺の人生は、信頼の基本である相手の人を信じるということが欠落していた。人間の信頼の構築は親と子から始まり、兄と弟、また友情や恋愛にしても、信頼をかくことはできないが、俺は、それらの間に、疑いと猜疑心がいつも渦巻いていた。──そして、その罪の正体を突き詰めて行くと、哀しくも幼い頃からず〜っと曳きずってきたトラウマに行き着くのや。

以前、「悔い改め」について、聖書を調べたことがある。そのとき、マタイ福音書三章の「悔い改めにふさわしい実を結びなさい」（8節）という言葉に、目が釘づけになった。これを単純に受け止めて、H牧師の教会の眼目に従うことと結論付けた。が、その裏には、己の内なる悪と戦う信仰が、塀の外のクリスチャンたちの信仰と比べて、勝るとも劣らないと思っていた。その俺の傲慢を打ち砕いてくれたのが、牧師の書かれた本の中に出て来る農業の人、里見さんだった。

話を戻す。ヨハネは、悔い改めの実ではなく、悔い改めに「ふさわしい実」を結びなさいと言っているのだネエ。「斧はすでに木の根元に置かれています。」（10節）これには恐れ、ビビったネエ。マジに。「ヨハネさん、あんたはイスラム教か」と突っ込みを入れたぐらいや。「信じますか？それとも武器ですか？　戦争ですか」という風に、二者択一を迫られたように感じたものだ。

父とも獄中書簡を交わしたことがある。

「人の物を盗った、壊したと言うのであれば、働いた金銭で弁償すれば許してもらえるかもしれんが、人の命を奪ったお前がこれから先、自分の罪を反省して、土下座して泣き叫んで、何万回頭を下げて謝罪しても、死者は生き返らない。」

この様に悪を突っ走ってきた俺が、今は、キリストに救われて、エン・クリストオの福音信仰の生活にある。――俺の心の奥底には、人生の土壇場《どたんば》になって神に助けを求めすがったということが、被害者の方と、そのご遺族、また俺のことで心を痛めて深く傷付き、重荷を背負って生きて来た親や兄弟や親類の者と、俺のために悲しみの涙を流して、かつ深く傷ついてきた沢山の人たちに対して、「神の懐に逃げ込んだ卑怯者」ではないかといった忸怩《じくじ》たる思いがある。

獄中書簡は外部の人にも読まれているらしい。牧師からのメッセージでそれが良く分かる。ひところ、偽装食品が社会問題となったが、キリストを着ながら、その中身が偽物ではシャレにならない。どの断面を切り取ってもキリストである本物にならなくては、卑怯者で終わってしまう。キリストを着て、キリストに聞き従って、キリストを信じる信仰に苦しむことを神から賜った。このエン・クリストオの者として俺は、今のこの苦悩を、主からの恵み（ピリピ四・4〜7：参照九九頁）と受け止め、大いに喜びたい。

雑草の花

高い巨塀の下に
ロードになって
色鮮やかに咲き誇るツツジの花の
その下に
雑草が
小さな
小さな花を咲かせている
誰にも気付かれず　振り向かれず　相手にされず
それでも

弱音を吐かず
いじけず
挫けず
寂しい孤独に
涙を流さず
それはまるで
神の恵みに埋没しているように
りりしく
堂々として
美しく
咲いている

【引用聖書箇所】（日本聖書協会訳）

エレミヤ書三〇章12節～17節（一〇九七頁　頁数は聖書の頁を示しています、以下同。）

主はこう仰せられる、
あなたの痛みはいえず、あなたの傷は重い。
あなたの訴えを支持する者はなく、
あなたの傷をつつむ薬はなく、
あなたをいやすものもない。
あなたの愛する者は皆あなたを忘れて
あなたの事を心に留めない。
それは、あなたのとがが多く、
あなたの罪がはなはだしいので、
わたしがあだを撃つようにあなたを撃ち、
残忍な敵のように懲らしたからだ。

なぜ、あなたの傷のために叫ぶのか、
あなたの悩みはいえることはない。
あなたのとがが多く、
あなたの罪がはなはだしいので、
これらの事をわたしはあなたにしたのである。
しかし、すべてあなたを食い滅ぼす者は
食い滅ぼされ、
あなたをしえたげる者は、
ひとり残らず、捕え移され、
あなたをかすめる者は、かすめられ、
すべてあなたの物を奪う者は奪われる者となる。
主は言われる、
わたしはあなたの健康を回復させ、
あなたの傷をいやす。
それは、人があなたを捨てられた者とよび、

『だれも心に留めないシオン』というからである。

コリント人への第二の手紙六章（二八三～二八四頁）

わたしたちはまた、神と共に働く者として、あなたがたに勧める。神の恵みをいたずらに受けてはならない。神はこう言われる、

「わたしは、恵みの時にあなたの願いを聞きいれ、
救の日にあなたを助けた」。

見よ、今は恵みの時、見よ、今は救の日である。この務がそしりを招かないために、わたしたちはどんな事にも、人につまずきを与えないようにし、かえって、あらゆる場合に、神の僕として、自分を人々にあらわしている。すなわち、極度の忍苦にも、患難にも、危機にも、行き詰まりにも、むち打たれることにも、入獄にも、騒乱にも、労苦にも、徹夜にも、飢餓にも、真実と知識と寛容と、慈愛と聖霊と偽りのない愛と、真理の

言葉と神の力とにより、左右に持っている義の武器により、ほめられても、そしられても、悪評を受けても、好評を博しても、神の僕として自分をあらわしている。わたしたちは、人を惑わしているようであるが、しかも真実であり、人に知られていないようであるが、認められ、死にかかっているようであるが、見よ、生きており、懲らしめられているようであるが、殺されず、悲しんでいるようであるが、常に喜んでおり、貧しいようであるが、多くの人を富ませ、何も持たないようであるが、すべての物を持っている。コリントの人々よ。あなたがたに向かってわたしたちの口は開かれており、わたしたちの心は広くなっている。あなたがたは、わたしたちに心をせばめられていたのではなく、自分で心をせばめていたのだ。わたしは子どもたちに対するように言うが、どうかあなたがたの方でも心を広くして、わたしに応じてほしい。不信者と、つり合わないくびきを共にするな。義と不義となんの係わりがあるか。光とやみとなんの交わりがあるか。キリストとベリアルとなんの調和があるか。信仰と不信仰となんの関係があるか。神の宮と偶像となんの一致があるか。わたしたちは、生ける神の宮である。神がこう仰せになっている、

「わたしは彼らの間に住み、
かつ出入りをするであろう。
そして、わたしは彼らの神となり、
彼らはわたしの民となるであろう」。
だから、「彼らの間から出て行き、
彼らと分離せよ、と主は言われる。
そして、汚れたものに触れてはならない。
触れなければ、わたしはあなたがたを受けいれよう。
そしてわたしは、あなたがたの父となり、
あなたがたは、
わたしのむすこ、むすめとなるであろう。
全能の主が、こう言われる」。

ヨハネによる福音書《ふくいんしょ》八章11節（一五一頁）

女は言った、「主よ、だれもございません」。イエスは言われた、「わたしもあなたを罰しない。お帰りなさい。今後はもう罪を犯さないように」。

ガラテヤ書二章20節〜21節（二九五頁）

生きているのは、もはや、わたしではない。キリストが、わたしのうちに生きておられるのである。しかし、わたしがいま肉にあって生きているのは、わたしを愛し、わたしのためにご自身をささげられた神の御子を信じる信仰によって、生きているのである。わたしは、神の恵みを無にはしない。もし、義が律法によって得られるとすれば、キリストの死はむだであったことになる。

ピリピ書四章4節〜7節（三一三頁）

あなたがたは、主にあっていつも喜びなさい。繰り返して言うが、喜びなさい。あなたがたの寛容を、みんなの人に示しなさい。主は近い。何事も思い煩ってはならない。

ただ、事ごとに、感謝をもって祈と願いとをささげ、あなたがたの求めるところを神に申し上げるがよい。そうすれば、人知ではとうてい測り知ることのできない神の平安が、あなたがたの心と思いとを、キリスト・イエスにあって守るであろう。

第二部　塀の中のキリスト　雑居房篇

独禁明け

ついにその日がやってきた。長かった独房生活ともお別れや。勿論、嬉しいに決まっている。が、不安もある。配属される工場区がどこになるか、それが気がかりだった。

一一月一〇日、工場区配役審査があった。そして翌日、慌ただしく独居拘禁が解除され、新しい工場区に配役となった。

これは工場に出役してから分かったことだが、俺が暴力で対立した相手と、その系列の組関係者のほとんどが他の施設に不良移設され、俺の前から取り去られていた。

雑居室は定員八名だが、入室した部屋は二名だけだった。雑居室の二名は珍しく、「これは主イエスが、長い独禁から解放された俺にリハビリの期間として与えられた恵みだ」と、また感謝した。

これまでの経緯を考えると「時は満ちた。神の国は近づいた。悔い改めて福音を信ぜよ」と言ってガリラヤでの伝道を開始されたキリストが、この塀の中に入って来られて、独房明けの俺のために、あれこれと配慮してくださり、用意を整えてくださったのではないかと、思えてきた。まさか、そんなことが有り得るのかと、何度も頭を捻って考えてみた。が、もしそうでないとしたら、このような事態をどう考えたらいいのだろうか。勿論、官の好意による配慮もあっただろうし、偶然もあったのかも知れない。が、それだけではないと考えるのが妥当であり、常識というものやないやろか。が、俺の考えは甘かった。なぜなら、同室となった同囚が、聖書を所持する求道者とあって、キリスト者を名乗った俺に、あれこれと聖書のことを質問してきたからや。

工場配役されたその日の夕食後から九時の消灯まで、俺は熱く福音を、一対一で語った。三年振りの出役であり、かつ独禁中は人と交渉することが皆無だったので、さすがに三時間の伝道はきつく、疲れてしまった。が、俺の語る福音を同囚が真剣に聞いてくれたから、疲れも吹っ飛ぶ思いがした。これもイエス様の導きがあったからこそや、と主に感謝した。

主イエスは、聖霊様によって俺を上田牧師に導いてくださり、エン・クリストオの者として福音信仰に生きる道を確立してくださり、その上で、俺にとっての福音の実生活である工場区に送り出してくださった。この塀の中の福音人生には困難な問題と出来事が多く待ち受けているだろう。が、主イエスに信頼して、エン・クリストオの精神をもって、キリスト・イエスの言に聞き従って行かなくてはならない。福音に生き、獄舎の福音人になることが俺に課された責任であり、俺の生きる道だと心に決めた。

このように、心は熱く燃えていた。が、肉は、独居で一日中座ったままの生活でなまってしまった肉体が、悲鳴を上げていた。工場の行き帰りの軍隊行進で足腰が痛んで困るが、同囚が励ましてくれるから助かる。雑居房には雑居房の恵みがあると再確認した。

同室者が増え、四人になった。若い同室者が「聖書には汝の敵を愛せよ」と書いてありますよネエと、いきなり聞いてきた。ビックリして「えッ、聖書を読んだことがあるの？」と聞いたら、「曽野綾子の小説で知りました」という彼に、聖書を渡して、マタイ伝五章から七章を読むように勧めてみた。そうすると、一時間位静かに読んで、「いや〜、ええこと書いてありますネエ。勉強になりました」との感想に、すかさず、「そうやろう。しかし聖書は人間の道徳の教本と違うよ。聖書は、神が神の聖霊によってカミに書かせた福音書やきネエ」と言うと、ポカ〜ンとしている。そこでもう一度繰り返して言うと、彼はにっこりして、「神がカミに書かせたというのはダジャレですか」と、大笑いになった。勿論、笑いを取った後はきっちりと、福音と聖霊について説明したがね。

求道者の同囚と聖書のことを、時々話している。分からない所があったら、その疑問点を俺に振って来る度、自分でもビックリするぐらい、すらすらと、上田牧師の著書と礼拝メッセージから授かった知識で、的確に解説すると、すごく感心されて、「あんたは牧師か」と突っ込まれた。

ちょうど、牧師から届けていただいた一一月の礼拝メッセージは、その聖霊と聖書のことが語られていて、さっそく、若い彼に見せたが、それを理解するのは無理のようだった。求道者は、とても熱心で、聖書を毎日読んでいる。

それから、同じ工場区になった古くからの囚友が「吉ちゃん、あんた人格が変わったなア」と言ったので、「俺が変わったのではなく、イエス・キリストが俺を造り変えてくれたのヤ」と言ったら、独禁ボケしたのかという風に、怪訝そうな目付きで俺を見たので、「あんた（彼は真言宗）も聖書を読めよ。」と勧めてみた。すると、「聖書は高いからなア」と体よく逃げられてしまった。が、俺が変わったという印象を周囲に抱かせている事実を知って、主にハレルヤと感謝した。

一二月八日は上田牧師の誕生日だ。祝辞と共に手紙を書いた。第一一便や。主は、その真の福音を聖霊によって上田牧師から俺に導いてくださった。聖霊の存在なくして俺の福音人生は成り立たないし、福音信仰に覚醒することも無かったであろう。そして、今なお、とてつもなく高い聖書のハードルに向かって俺は、独房の中で、悔い改めの信仰に独り苦悩し、苦戦を強いられていたであろう。俺にとって聖書が、人の手よって書かれた聖霊の書であるように、上田牧師の著書もまた、俺にとっては人の手で書かれた聖霊の書だと断言できる。なぜなら、この超極悪人が、聖書で神を信じ、キリスト・イエスの十字架に救われて、主イエスの信仰者となって、かつ上田牧師の著書からエン・クリストオの精神を賜ったのだから、俺はその典型的な証しではないかと思うのヤ。

「福音人生に塀の中も外もない。あるのは、その人が置かれる場所の違いだけである。彼は塀の中に遣わされ、私たちは塀の外に遣わされているが、私たちの中で働いてくださるのは、同じ聖霊であり、キリストである。だからこそ私たちは神の家族である。」

メッセージ「塀の中の福音人生」の中にある文章に俺は感涙し、この塀の中で、キリストの福音を証しすることが自分に定められた使命であると、確信した。

牧師は、「伝道は主の業です。人間の業にならないように」と注意してくださった。「日々、祈って、福音の証しを心がけて、辛く苦しみ悩めるとき、困難に直面するとき、怒りまた寂しく孤独で哀しいとき、全ての時を、主からの恵みと喜べるように努力したいと思う。そして、同室の若者に福音を熱く語り、伝道することを、聖霊様が助けてくださいますように！

聖霊の本領

上田牧師から、毎週の礼拝メッセージが、欠かさずに送られてくる。今週は「聖霊は生きている神の言」という題だった。その中の一文「聖霊の本領は意外性にある。意外性とは、何ものにもとらわれないということである云々」に、俺は大きく頷いた。

キリスト教会は主の教会だ。だから、世の信徒たちにとって、教会は絶対に不可欠な存在だよネ。しかし、世には教会に席を置かない者や、バプテスマを受けたくても受けることの出来ない事情にある人は、沢山居てるのやないやろか。これは、俺の偏見かもしれないし、生意気な物言いになるが、既成の教会は信徒の数を増やすことに固執し、かつ教会の財力と組織の拡大にとらわれて、主の十字架の福音を私物化しているのではないだろうか。

聖霊の風は、思いのまま吹くのではなく、教会の内にいる信徒にだけ吹くというのが、外部の教会のクリスチャンたちの固定観念になっているのが実情ではないだろうか。ま、これは教会に属さない俺のひがみやけどネ。

話は変わるが、俺を、絶望の淵から、キリストの神にすがる道に導いてくれたのは、一冊の本が切っ掛けだった。平成一八（2006）年、まったく無意識で官本選定カードから選んだ本が『誇りて在り』というタイトルのキリスト教に関するノンフィクションだった。

内容は、明治時代に、長野の東穂高（安曇野）に解放されていた「研成義塾」という学校の生徒が集団でアメリカに移住して、クリスチャンの理想郷を形成して行く過程を追跡したルポだった。その中で、この塾に関係があった内村鑑三の無教会主義の定義の一文に、俺は引きつけられた。

「無教会は、教会のないものの教会であります。即ち、家のないものの合宿所というべきものであります。即ち、心霊上の養育院で、孤児院のようなものであります。無教会の無の字は、「ない」と訓《よ》むべきものでありまして、「無にする」とか、「無視する」とか言う意味ではありません。金の無い者、親の無い者、家のない者は皆可憐《かれん》ではありませんか。そうして世には、教会の無い無牧《むぼく》の羊が多いと思いますから、ここに冊子（『無教会』）を発刊するに至ったのです。」

この頃の俺は、絶望の淵に立たされていて、教育課の職員の計らいで、臨済宗の教誨師と個人面談をしたが、心はいやされず、まったく解決の糸口も見つからず、もがき苦しんでいた。その俺を見かねたのか、主は、無意識に手にしたこの無教会の本によって、一粒のからし種の信仰を与えてくださったと言えば、こじつけになるだろうか。こじつけついでに言わせてもらえば、神に造られた人間の心の奥底には、その神の霊（愛も）が、宿っているのではないだろうか。

ヨブ記三三章には「神の霊が私を造り、全能者の息が私に命を与える」（4節）とある。三八章36節には「だれが心のうちに知恵を置いたか。誰が心の奥に悟りをあたえたか」(新改訳)という神のことばがある。だから人間は、主の十字架の福音に誰でも差別なく応答できるように造られているように思えてならない。どのような環境、境遇にあろうとも、福音に応答出来ない人は、その人の生き方に問題があるのではないだろうか。

俺が、先に言ったように、『誇りて在り』の本に導かれて、今このようにして信仰聴聞の道に立つことができたのは、突き詰めて行くと、極悪な悪に生きて、獄舎という暗闇のどん底に落ちてはじめて人間としての、己の感性に目覚めて神の存在をキャッチすることができ、それと共に、己の罪の重さも知ったのだと思う。

でもネ。正直言って、俺の心中はまだとても複雑に揺れ動いている。いくら俺が悔い改めて、神の許に立ち返ることができても、現実として、俺が殺めた被害者のご遺族や俺の兄と義姉たちの深い心の傷をいやすことはできないのだから。

話が飛び飛びになって恐縮だが、また話しを戻す。平成一八年五月の監獄新法の施行によって、外部との通信が可能になったのを機会に、無教会の思想を持つ教会や牧師を探し求めた。同囚たちから、既成の教会を対象外にして、独立した小さな教会の情報を集め捲ったが、その行き着く先にあったのが九州のある教会であり、H牧師だった。だから、俺はH牧師に植えられ、上田牧師に水を注がれたと思っている。勿論、育ててくださるのは、父なる神である。

この一年、いや、獄舎で主に召されて過ぎてきた年月、俺の身には多くの福音による出来事が発生した。そしてそれを聖霊の川の流れとするなら、全てのことは、上田牧師が牧会する教会に流されて行く過程に過ぎなかった。この牧師との出会いが、最終的な主の御心であったと確信する。「聖霊の本領は意外性にある」と断言してはばからない牧師の下に導かれた不思議を思わずには居られない。

福音元年

全国の塀の中では、クリスマスに官からケーキが給食される。甘物は俺たちの最大の関心事だから、一二月に入ると、ケーキのことが話題になる。でもって、今年は、福音信仰者である俺に、クリスマスの意味を質問してくる同囚が居て、それを説明することになった。本当に同囚が聞きたいのは「なぜクリスマスと七面鳥がセットなのか」であって、クリスマスの意味を聞きたいのではない。実を言うと、俺自身、クリスマスの真の意味が分からず、あれこれない知恵を絞っていたところへ、うまい具合に上田牧師の本が差し入れられて、「神の僕のクリスマス」を届けてくれた。

愛に裏切られ、愛を憎んで心かなしみ
暗い闇に迷い彷徨《さまよ》う平成の少年たちよ！
きょうダビデの町で、あなたがたのために
救い主がお生まれになりました。
この方こそ、主イエス・キリストです。
　メリー・クリスマス
平成の少年たちよ！
主イエス・キリストは神の御子であり、
世の希望の光です。主を信頼して、
主の愛と御心に従う者は、
決して暗闇の中を歩くことがなく、
いのちの光をもつのです。
きょう、君たちの心に、

キリスト・イエスの愛と希望の光が、
明るくともり、輝きますように。
　　メリー・クリスマス

　二〇一一年（平成二三年）、俺の福音元年を、工場区で同囚たちと迎えることができた。塀の中の一年の作業は暮れの二八日で終わって、二九日から閉庁。今年は正月の三が日まで六日間休日（免業）。正月の休日には、特別食として沢山のお菓子と、大晦日には年越しそばならぬ、年越しのカップラーメンが配食され、元旦にはおせち料理が二段重ねの折り詰めで配食される。なぜ本物の年越しそばが出ないのかだって？　それはそばアレルギーの人間が多いからヤ。

　この時期にはクリスマスから正月にかけて、そんな豪華な食事と甘い物が続くので、俺たちにとって一年で最もハッピーで、だれもが童心に戻って、「♪　もういくつ寝ると　お正月」と、心浮き立つ気持ちになる。社会だと、子どもの父親であり、良いオッさんの年齢でもある大のオトナが、えびす顔になって袋菓子をパクつく姿を想像してみてくれ。ハハハ。

　俺的には、一年で一番の楽しみは、何と言っても、大晦日に放送されるＮＨＫの紅白歌合戦が、終了時間までテレビ視聴できることだナア。独禁の時はラジオだったから、三年振りに、テレビにかぶりついて視聴させてもらった。

でもネ、今俺が一番聞きたい歌は讃美歌ヤ。それも教会で、上田牧師の奥さんの歌を聞けたら、どんなに幸せだろうか。あ、歌が好きだと言っても、自分が歌うのが好きだというのでないから、誤解しないように。歌うのは里見さん同様に大の苦手ときているから、シャレにならない。

あ、そうだ。話が前後して悪いが、クリスマスの時の、とんでもない体験を聞いてくれ。去年のクリスマスは、同室者六名で迎えたのだが、何と、求道者の同囚が、給食されたショートケーキとパックコーヒー、チョコレートを前にして、「祈りを頼んます」と口火を切って、同室者全員がこれに同意した。俺は戸惑い、慌てまくった。が、福音者としてこれを断ることはできない。そこで俺は、聖書の中から、今学んでいるエペソ書五章33節から六章17節までを朗読し、祈りとした。で結びに、「今から戴くクリスマスケーキが主の福音の一粒の種となって、今日ここに集まるみんなの心にまかれて深く根付き、福音信仰の花がひらきますようにに」とアーメンした。

この後、落ちがあって、二〇代のヤクザが「来年のクリスマスは、モンブランのケーキがでますように祈ってください」といったのには、全員大爆笑だった。

これまた余談になるが、正月の居室内に射してくる日差しに向かって、初日の出だと、おどけてカトリックのクリスチャンのように、手で十字を切って、アーメンするのには苦笑するしかなかった。胸で切る十字は、聖書的に何の意味もないと俺は思うが、どんな形にせよ、キリストを意識した表現を彼らが見せるようになったことは嬉しいことだった。いつの日にか、彼らが己の罪を悔いて、人生の挫折感に苦悩したとき、必ず今日（二〇一〇年のクリスマス）、主イエスに出会ったことが脳裏に浮かんで、救いを求めてくれるのを俺は願い、信じたいと思う。

このクリスマスには、上田牧師からクリスマス・プレゼントとして、寄せ書きの色紙が届けられた。が、当所の規則で、俺の手には渡らず、官の特別の計らいで、工場の担当台の下で、五分だけ閲覧が許されたので、拝読させてもらった。それでも十分に教会の方々の思いが伝わって来て嬉しかった。中でも、八〇歳の方の寄せ書き文には心打たれた。

ちなみに、当所の差し入れ許可物品は次の通りになっている。
・本（社会の書店で販売されている書籍全般と雑誌など）、冊子、パンフレット、チラシ類、またそのコピー、写真（ポラロイドは不可）、郵券（官製はがき）、メガネ（十万円以下の証明付）メガネ拭き、メガネケース（本体が金属またバネの金具は不可）、これ以外の差し入れは全て不許可。不許可品が郵送されてきた場合は、釈放時交付か、廃棄処分となる。

長期の免業（休日）を隠語で「缶詰」という。この六日間、居室以外に出たのは大晦日の総入浴の一五分だけだった。俺たちの工場区は二番風呂で九時半ごろだった。ま、そういう訳で、少々運動不足と食べ過ぎで体がなまってしんどい。が、明日からは、主の福音の恵みの中で、また一年の就業に励まなくてはならない。そして、今現在、同室にあるこの仲間が、俺も含めて反則事故（職員に対する反抗と指示違反や同囚簡のトラブル等）で、ひとりも欠けることがないように祈り、この出会いを主に感謝した。

『のら犬ボス』

上田牧師の奥様の童話の本が送られてきた。平仮名ばかりで、「これは幼い子どもが読むものやなア」と、少し抵抗があった。でもネ。同室の長老（七六歳無宗教）がペラペラと冊子をめくりながら「上田神父（長老の思考の中にはいくら説明しても神父の呼び名しかない）から見たら、吉さんは、小さな子どもでんなァッ」の言葉に、俺はハッとした。「子どものようにならなければ」というマタイ福音書一八章1節から5節にある主のみことばが目の前に浮かんで来た。

長い独居拘禁から解放されて約二か月が過ぎ、この間、俺はエン・クリストオの者として、己の福音の実生活が何の問題もなく、順調に進んできたことに舞い上がって有頂天になって居た。主の福音の伝道が、自然体から周囲の視線を意識する己に移行して居た。要するに天狗になっていたのや。

工場区に配属された俺は、工場の同囚たちから「長い独禁生活ご苦労さんでした」といった労と暴力を称賛する肉のことばをかけられた。このことばの裏に、社会の強大な暴力組織を背景にして、この塀の中でも徒党を組んで、その勢力を誇示した一部の組関係者の横暴に、是は是、非は非として諫言《かんげん》し（いさめること）、暴力をもってことの解決を図った結果、長期間の独居拘禁を余儀なくされたことに対する論功行賞的な、暴力賛美の意味合いがある。

勿論、福音信仰を確立して宣言した今の俺は、そのような褒め言葉に惑わされはしない。無知な思弁と争いを避けて、只々、主の御名を賛美するのみ。主は、俺の工場区への配役を、聖霊様の働きによって、全ての障害を取り除いてくださった、こんなにも、主に愛され、悪の泥沼から贖《あがな》い出していただいたのだから、己を低くして子どものような純な心をもって素直に謙虚で、福音の流れにあるがままに、自分を委ねなくてはならない。

三冊の冊子が伝える悪と愛の本質は、実に明確で分かりやすく、俺の福音の驕《おご》りに、やさしく喝《かつ》を入れてくれた。ハレルヤ。

一二月二七日に、上田牧師からの手紙と、親子クリスマス会のメッセージ「塀の中にもクリスマス」が届いた。一読して、感動の涙が出て困ってしまった。なぜなら、独居だと、当然ひとりだから、泣く時には、恥も外聞もなく、思いっきり涙を流すことが出来るが、雑居だと、男の矜持というか、見栄があって、グッと堪えて我慢する所だったが、福音信仰の涙には、そんな肉的な思いは通用せず、メッセージを拝読しながら、俺は目頭を熱くして涙を流した。で、側に居た長老のオッちゃんが、そっと俺のタオルを取って、差し出してくれた。ちょっとバツが悪く、正直恥ずかしかった。

上田牧師の奥様の作品の中に『**のら犬ボス**』というのがあった。過去の記憶と重なって、身につまされた。お話は次の通りだ。

ボスは　はるに　せんろのしたの　トンネルのなかで　うまれた。
でも、ボスの　おかあさんは　ボスを　うんで　すぐに　しんで　しまった。
それで、そばにいた　のら犬たちが　ボスを　そだてた。
のら犬の　おじさんやおばさんたちは
いろんなものを　とってきてくれた。
かえる　や　バッタ、にわとり　や　うさぎ……。　おいしかった。
でも、そんな日は　ながく　つづかなかった。
のら犬の　おじさんたちが　よなかに　こっそり　うさぎを　ぬすみに　いったとき、
いっぴきの　のら犬のおじさんは　にんげんに　ぼうで　たたかれて　しんでしまった。
つぎの日も　また　いっぴきの　のら犬が　にんげんに　ころされた。
のら犬の　おじさんも　おばさんも　いなくなってしまったので、
もう　えさは　もらえない。
ボスは　あちこち　たべものさがしに　でかけた。
でも、なかなか　えさは　みつからない。
ごみばこを　ひっくりかえして　えさをさがした。

だんだん　とおくまで　さがしに　でかけるようになった。
ある日、ボスは　えさを　さがして　あるいていると、
「ワン、ワン、ワン」と　おおごえで　ほえられた。
でっかい犬だ。つながれているけど　こわかった。
また　ほえられた。でも、こんどは　「おいで、おいで」と
いっているようだったので、そばにいった。
たべものが　たくさんあった。「たべても　いいよー」と、
いっている　みたいだったので、がつがつたべた。
おや？　そのとき、きゅうに　その白い犬が
「クーン　クーン」
みたら　いえのなかから　にんげんが　でてきて
その白い犬と　なかよくあそんだ。
ボスは　かくれた。そして、そのようすを　じっと　みていた。
白い犬が　にんげんと　たのしく　あそんだり、
たべものを　もらったり、だっこしてもらったり　していた。

「おや？　さんぽかな？　あの白い犬ちゃん　つながれてて
どこにいくんだい？　すきなところに　いけないいんじゃないの？」
あとを　こっそり　ついていったら、のはらに　ついた。
その犬は　クサリを　はずしてもらった。
にんげんのおとこのこと　たのしく　ゲームをしていた。

ボスは　とぼとぼ　あるいて　とおくへたびにでた。
さむい　ふゆがきた。
たべものが　みつからない。
かえるも　バッタも　くさも　あまり　みつからなくなった。
にわとりも　いない。ああ　さむい。ゆきが　ふってきた。
よなかは　そっと　どこかの　いえの　のき下で　ねた。
でも　さむかった。
ふゆが　おわり、はるがきた。
ボスは　いつのまにか　おおきくなっていた。

ちからもつよく　なっていた。

ボスは　ちいさいときに　であった
あの　白い犬のことを　おもいだした。
「ぼくも　ねるところが　ほしい。たべものをくれるところが
ほしい。あそんで　もらいたい。そうだ！　あの犬のところへ
いこう！　ともだちに　なってくれるかもしれない」
ボスのあしは　まえにみた　白い犬の　いるところに　むかった。
でも、ずいぶん　とおく、なんにちも　かかって　おなかも　ぺこぺこ。
それでも　はしって　とうとう　そのいえと　犬ごやをみつけた。
「ここだ！　ここだ！　やさしかった　白ちゃんがいるはずだ！」
でも、そのこやのなかには　白い犬は　いなくて
どこかへ　でかけたらしい。
「じゃあ、ここに　とまらせてもらおう。つかれたから
この　こやのなかで、ひとねむりしよう。

きっと　なかよく　してくれるだろうから」

ボスが　ひとねむり　していると、

「ワン！　ワーン」

と、そとが　さわがしくなって、おこったように　なく　白い犬。

「ワン、ワン、ワオーン」

そう白ちゃんが　さんぽから　かえってきたのです。

「白ちゃんだ！　かえってきたんだ。あいさつしなきゃー」

ところが、その白い犬は　もっと　おおきくなっていて、
ボスのことなど　すっかり　わすれていたから　たいへん！

「おい！　そとにでろ！　おまえは　だれだ！

はやくでろ！　ワン、ワーン！」

もう　こうなると　ボスは　そとに　でられなくなって　しまった。

白い犬は　こやに　かおを　つっこんだり、てあしを　つっこんだり、
かみつきあいが　はじまった。

「はやくでろ！　おれのいえだ！」

「いやだ！　でるもんか！」
ちいさな　こやが　こわれそうに　なった。
「ワン　ワン　ワーン！　ワン」
そのおおきな　はげしいケンカのこえを　きいた　にんげんたちが
いえからでて　きた。あちこちのいえから　にんげんが　でてきた。
にんげんが　きたので、白い犬は、こやから　でてきた。
ちが　あちこちに　ついていた。
にんげんたちは　おこって　ぼうを　いぬごやに　つっこんだ。
「こら！　でろ！」
ボスの　おなかに　ぼうがあたったので　ボスは　ぼうに　かみついた。
ぼうが　おれた。
ボスは　いじでも　もう　でてやるもんかと　こやのなかに　いた。
にんげんたちは　よるになったし、さむかったので、
みんな　いえに　かえっていった。
はるでも　さむいよる　だった。

ボスは　こやのなか。白い犬は　いえのなかから　でてきて
じぶんの　こやのまわりを　ぐるぐる　まわって、ひとばんじゅう
うろうろして　ねむらなかった。
ボスは　こやのなかで　あたたかかった。すこし　ねたけど、
白い犬が　きになって、ほとんど　ねむらなかった。
にんげんたちも　ねむれなかったので、みんな　ピリピリ　していた。
白い犬も　はを　むきだして、ボスを　こやから　おいだそうと
こやに　はいったが、はんたいに　あしをかまれて　おいだされた。
白い犬は、えさを　もらったが、しょくよくが　なかった。
ボスは、白い犬のえさを　よこどりして　たべた。
ほねを　さっと　とって、こやのなかに　はいった。
「だれにも　このこやを　わたすもんか」
たいようが　のぼって、あたたかく　なってきた。
にんげんたちが　あちら　こちらから　あつまってきた。
「やくばのひとに　あの犬を　つかまえて　もらおう」

みんなが　さんせいした。
やくばのひとが　きて、ボスを　こやから　だそうと
いろいろなことをした。
やさしく　よびかけたり、ぼうでつついたり、
いしを　こやに　ほうりこんだり……。
そして、さいごに　けむりをつくって　こやのなかに　ふきこんだ。
とうとう　ボスは　でてきた。
にんげんが　ハリガネで　くびを　くくった。くるしかった。
ボスは　ないた。
「ウォー　ウォー」と。
「いやだ　いやだ！」
ひきづられて　つれて　いかれた。
ボスは、しにたく　なかった。
おうちが　ほしかった。にんげんと　あそびたかった。
白ちゃんと　ともだちに　なりたかった。あそびたかった。

ただ　それだけだった。
でも、白ちゃんは　ボスのことを　おぼえていなかった。
ボスは、やくばのひとたちに　つれていかれた。
でも、すぐ　そのあとで、白い犬が　おいかけていって
やくばのひとの　ふくを　ひっぱった。
「ボスを　はなして　やって！」
と、いっているみたいだった。
そう、白ちゃんは、きゅうに　ボスのことを　おもいだしたのだ。
ボスのにおいを　おぼえていたんだ。
やくばのひとは　びっくりして　ボスを　はなした。
ボスは　くさりを　つけたまま　はしって　はしった。
そのあと、白ちゃんも　ついていって　二ひきは　なかよく　なった。
それをみた　白ちゃんの　かいぬしは、
ボスも　白ちゃんと　いっしょに　かうことに　きめた。
ボスは　うれしくて、うれしくて、とびあがった。

（おわり）

俺は声を上げて泣いた。俺は確かに不幸だった。が、俺の側には誰かの愛が存在していたのに、その愛に素直でなかった。いや、その愛の上に、土足で上がり込んで居座ろうとした。要するに愛の独占欲の塊だった。「欲がはらむと罪を生み、罪が熟すると死を生みます」とヤコブ書一章15節にある通りだ。

平成の少年たちよ!

平成の少年たちよ
全知全能の創造主であられる父なる神の存在と
俺たち人間の救い主であられる御子キリスト・イエスの福音を
心に深く止めて刻め。
俺のような狂気、一七歳で人を殺め、無期懲役を科され、今なお獄舎にある者のようになってはならない。
愚かで、破滅的な人生を歩んではならない。
今の内に、各自が自分の進むべき道を真理の神の道に修正せよ。

平成の少年たちよ
キリスト・イエスの十字架の福音に目をとめよ。
何故なら、福音の力は、人の暗闇を明るく照らし、
歪《ゆが》んでネジ曲がったものを真っ直ぐにし、
絶望を希望に導き、弱っている者の膝をしっかりと立ち上がらせるから。

平成の少年たちよ
君たちの人生は、君たちのものだ。
青春を思いのままに生きるのだ。
がしかし、自由には自己責任、つまり、
行動の結果は自己で償い、かつ責任は自己のものである。

社会には社会のルールと守るべき法がある。法を犯してはならない。
心の内に悪事を謀《はか》ってはならない。
人の目は隠せても、神の目からは隠れることが出来ないからだ。

平成の少年たちよ
これだけは知っておくことだ。
君たちは神のさばきの前に立つ時が来る。だから、
「あなたの心から悲しみを除き、あなたの肉体から痛みを取り去れ、
若さも、青春も、むなしいからだ」（伝道の書一一・10　新改訳）
主を恐れよ。
「罪から来る報酬は死です。しかし、神の下《くだ》さる賜物は、
私たちの主キリスト・イエスにある永遠のいのちです。」（ローマ六・23　新改訳）

平成の少年たちよ
神によって、神ご自身の似姿に創造された人間である限り、
己を無価値な存在にしてはならない。

平成の少年たちよ
辛くて苦しく、ひとりぽっちで、孤独感と悲しみにくじけて負けるな。
心を雄々しく強くして、キリストの福音にすがれ。
キリスト・イエスの労は何処までも広く、深く、高いからだ。

反則事故

二月に入り、クリスマスから正月にかけての高揚感が、空気が抜けて行く風船のように、むなしくしぼんで。殺伐とした日常生活に戻ってしまった。で、先日、同室者二名（一人は求道者）が反則事故（ケンカ）で調査に持って行かれてしまった。残念で哀しい。

この三か月間、共に聖書を学び、主の十字架の福音を信じ、真剣に聞いてくれた者が、どうして肉的な男の面目や外聞に固執して、取るに足らないヤクザの矜持を持ち出して。依怙《いこ》地《じ》になって自分を見失い、争うのだろうか。

俺たち同囚間の対立は、マジにささいなことが原因で争い、その行き着く先は暴力となる。塀の中という特殊な環境で、独特な個性（エゴの固まり）と感性の持ち主である俺たちの心は、極端に視野が狭く歪んで、鳥瞰図《ちょうかんず》ではなく、虫瞰図で、只一点の地面しか見えない。自己中で閉鎖的空間が心の中にも広がっている。だから、それぞれの自我を押し通そうとする所に問題があり、対立が絶えない。同囚間のケンカ、口論や、官に向けた不服と不満は日常茶飯の出来事だ。矛盾した規則は確かにあるが、情けない。

「肉に従う者は、肉的なことをもっぱら考えます。」（ローマ八・5　新改訳）

イエス・キリストの十字架の福音を信じながら、「イエスは男の中の真の男義ではあるけれど、ヤクザである限り、親分は絶対の存在であり、己が従うのはその親分の言のみです。」の発言に、情けなくもあわれみを禁じ得なかった。

「それなら、何故に聖書を開き、主の福音を学びたいのか？」と聞くと、

「ヤクザな生き方を捨て、己の根本から変えたい」と言う。

信仰の入り口に立って、もがき苦悩する魂が見えるだけに、俺としては歯痒《はがゆ》くてならない。

「あなたのパンを水の上になげよ。」

主にあるエン・クリストオの者でありながら、自分を捨てるのは容易なことではない。只、未だその途上にある俺が言うとシャレにならないが、己を造り変えたいと願い祈るのであれば、神を信じ、神に信頼を置いて、自分を捨て、主の絶対的正しさ（義）に従うべきだ。そうすれば、捻じ曲がったものを真っ直ぐにしてくださるのだから。

工場人員総勢四十人は、大半がマル暴関係者の集団で、俺は毎日、主イエス・キリストに工場の平和を祈り、人の肉の外見ではなく、その人の魂の救いを祈る。求道者の魂がサタンに渡らず、ヤクザの足を洗って、主の福音の道に必ず立つことを信じて、祈り続けようと思う。

福音行進

工場へ出役するには、通路を軍隊行進で、隊列を崩さず、整然と行かなければならない。

二月の寒さの中だから、ピーンと伸ばした両の手の、霜焼けで赤く腫れた五指が痛くなる。昔の俺は、「こんな行進に何の意味があるのやッ」と不満たらたらだったが、今は違う。他の囚人同様に、寒風の吹く中に立って、手袋なしの五指を伸ばし、きびきびとした動作と大きな声で号令をかける若い職員の職務の苦労を思い気遣う心を持ち合わせている。何より、神の造られた自然の恵みに感謝しながら行進できるようになった。

毎朝と夕方に、行進の歩調を進めて行きながら、前方に望む塀の向こうの山の景色が、俺には福音の景色に見えて、心穏やかになる。だから、毎日の出役が苦にならず、むしろ、主の十字架の栄光に向かって行進する喜びを感じつつ歩を進めて行く。

寒さを吹き飛ばして、心は温かく、両の手を肩の高さまで振って足を上げて元気よく、いちに、いちに、左右、左右の号令に合わせて。俺にとってそれは福音行進だ。

塀の中のグランドの
ベンチの側にある　桜の木の枝に
小さな　小さな　花のつぼみが
芽を出して　息吹はじめたよ

神様が創造された　自然は確実にめぐり
春はもうそこに来ているよ
君たち　平成の少年たちの心にも
一粒の　キリストの福音の種がまかれて
しっかりと根付き、
美しく　きれいな　その福音の花が
一日も早く　開いて咲くと良いのに
そうしたら
哀しみも寂しさも　孤独や怒りも　また流す涙も
全て　イエス・キリストの永遠の愛にやさしく包まれて、
聖書の中に記されている九つの御霊の実
愛、喜び、平安、寛容、親切、善意、誠実、柔和、自制を
胸に抱いて　信仰と希望に向かって、
主イエスの道を歩いて行けるのに
春はもうそこに来ているよ

君たちの春が

塀の中の信仰談義

雑居房にあって独房にないもの、それは会話だ。テレビ視聴中、突然同囚クリスチャンが「あ、この曲は賛美歌です」との声に、顔を上げてテレビ画面に視線をやると、ハープ奏者が俺の知らない曲を演奏していた。音感のない俺にはその良さがまったく分からなかった。同囚に歌詞の意味を聞いたが、残念ながら、誰も知らないという。タイトルが「アメージング・グレイス」ということだけはわかった。

同囚間の会話の中で、『恵みの雨』いう月刊誌があると知って、一度読みたいものだと思っていたら、たまたま新しく入ってきた求道者がその冊子を持っていたので、パラパラとめくってみたが、あまりにも味気ない文章にガッカリした。が、その中で「進化論」の文面に目が止まった。

日本では学校教育でもマスコミでも進化論が科学的事実として教えられ、報道されているが、六名の俺たちの居室は、進化論で大激論となった。

神は種類に従ってこの世の全てのものを創造されたという創世記の記事を俺が読んだら、何を思ったか、長老が「種類に従って」という所にこだわって、進化論を否定する発言をした。その真意を聞くと、創世記一章26節から31節（新改訳聖書）がすべてだという。こう書いてある。

26 神は仰せられた。「さあ人を造ろう。われわれのかたちとして、われわれに似せて。彼
らが、海の魚、空の鳥、家畜、地のすべてのもの、地をはうすべてのものを支配するように。」
27 神は人をご自身のかたちとして創造された。神のかたちとして彼を創造し、男と女と
に彼らを創造された。28 神は彼らを祝福された。神は彼らに仰せられた。「生めよ。ふえよ。
地を満たせ。地を従えよ。海の魚、空の鳥、地をはうすべての生き物を支配せよ。」29 神
は仰せられた。「見よ。わたしは、全地の上にあって、種を持つすべての草と、種を持っ
て実を結ぶすべての木をあなたがたに与える。それがあなたがたの食物となる。30 また、
地のすべての獣、空のすべての鳥、地をはうすべてのもので、いのちの息のあるものの
ために、食物として、すべての緑の草を与える。」そのようになった。31 神はお造りになっ

たすべてのものを見られた。見よ。それは非常に良かった。夕があり、朝があった。第六日。

いいこと言うなア　と思って聞いていたら、こう付け加えた。

——神は神ご自身の似姿に創造された人間に、空の物、地の物、海の物、川の物、すべてを焼いたり煮たりして、味付けして、また生でも食する知恵を与えられたのじゃ——

これには皆、ひっくり返ってしまった。

でも、「種類」に視点を当てることには全員が一致した。種類に従って論じるなら、サルと人間は全く別物で、単純な真理だ。

で、長老に「進化論を否定するのであれば、キリスト・イエスの福音を信じるか」と問うと、「まだまだ、それはあかんなあ」とかわされた。イエスの十字架は歴史として認めるけれど、神が御子イエス・キリストを、死から永遠のいのちに復活させたという聖書の事実を受け入れることは、まだ難しいようだ。

主の十字架の福音の力は、この極悪なる俺を、根底から造り変えてくださった。神である主に、いのちの息を吹き込まれて新しい生を得た人間の、神に創造された人間としての元の姿にしていただいたこの体である。それはまさしく、「主よ、どうかわれらの繁栄を、（不毛の砂漠地帯である）ネゲブの川のように回復してください」（詩篇一二六・4）とある通りだ。

都もうでの歌（詩篇一二六篇・聖書協会訳）

主がシオンの繁栄を回復されたとき、
われらは夢みる者のようであった。
その時われらの口は笑いで満たされ、
われらの舌は喜びの声で満たされた。
その時「主は彼らのために大いなる事をなされた」と
言った者が、もろもろの国民の中にあった。
主はわれらのために大いなる事をなされたので、
われらは喜んだ。
主よ、どうか、われらの繁栄を、
ネゲブの川のように回復してください。
涙をもって種まく者は、

喜びの声をもって刈り取る。
種を携え、涙を流して出て行く者は、
束を携え、喜びの声をあげて帰ってくるであろう。

平和の神？

塀の中は、前にも言ったが、親や周囲の者たちの意見や注意に背を向けて、悪に生きて来た男の集団生活なので、マジに些細《ささい》なことでいがみ合い、憎み争って、ケンカや口論、職員に対する反抗は日常茶飯事だ。でもネ。畳十枚の狭い部屋に、時には十名もでの共同生活だから、同室者同士は、それぞれが運命共同体的な、一つの家族のように受け止めて、互いに助け合い、譲り合い、共に励まし、泣き、笑い、喜び、肩を抱き合って生活していることもまた事実だ。

がしかし、長い期間には、哀しいかな、それが崩れて、亀裂《きれつ》が生じると、それぞれが自己主張を押し通そうとするから、とことん歯車がかみ合わず、収拾がつかなくなる。

二〇代の同室者が、俺に「キリスト教は平和の神ですよネエ。この狭〜い塀の中の我々だけでも、対立の無い、平和で穏やかな部屋にしてもらえないでしょうかネエ」と言ってきた。俺は「それをキリストに詰問して願い祈るのは筋違いやッ」と言って、イザヤ書五九章とローマ書八章で説明したが、納得してもらうことは出来なかった。これ以上は、自分の福音生活で示して行く外はないが、平和の道を知らず、主への恐れがない者は、いつまでも不義の器のままでいるしかない。人間は、あッ、自分のことを棚に上げて言うが、国と国、民族と民族、また違う宗教間の戦争にしてもそうだが、どうして人間は自己の正義を主張してゴリ押しするのだろうか。そして、弱い他者を顧みず、対立して争い、その行き着く先は暴力を行使し、流血と相場が決まっている。

ヤコブの手紙四章に書かれている通りだ。「なすべき正しいことを知っていながら、行わないなら、それは罪だ！」

主の十字架の福音を聞き、聖書の学びに意欲的であった者が、ヤクザの論理に負け、男の矜持にこだわって、下らん思いに突っ走って行くのを、俺は主の福音をもって阻止できなかった。悔しく、残念だ。が、いつまでもくよくよする訳にはいかない。この塀の中の福音人生は、照る日よりも、曇る日の方が多いけれど、と言って、一喜一憂していては、身が持たない。で、「雨よ、降らば降れ」と、開き直るほかはない。雨降って地固まるではないが、俺の福音人生は、こんなことでは挫けない。なお一層、主に強くされる。なぜなら、主にある者は、弱いときこそ強くされるからだ。

閉居罰《へいきょばつ》

塀の中には様々な規則があり、それに違反すると罰が与えられる。そのうちの一つが閉居罰で、二〇日ぐらい閉居することになる。恥ずかしながら、俺としたことが、その閉居罰を受けてしまった。

ここの規律は厳格で、作業中の脇見と集団行動中、整列時の一切の交談、私語は固く禁じられている。朝夕の個人的な挨拶も不可で、厳しい取り締まりの対象となる。たといそれが同囚に対する善意の行為であっても、職員の許可を得ていない行動は厳罰となる。話しかけられた者は、当然迷惑この上なく、とばっちりを受けることになる。実はそれを、ついうっかりやらかしてしまった。軽率だった。が、何とか自分一人の処分で済んで安堵した。

処罰中は、筆記はすべて停止となるから、手紙も書けない。座ること離れているから何ともないが、これは少々応える。が、自分で蒔いた種だから、甘んじて受けなければならない。

獄舎の規則を破った俺だが、不思議なほど心は平安だ。主にある平常心で調査を受け、罰が言い渡されるまでの日々を平安のうちに過ごすことが出来た。以前の俺なら、事故調査で、独居に放り込まれた時点で、心は自暴自棄になり、大荒れになったところだが、そのような粗暴は、福音信仰の足のかかとでしっかり踏みつけて押さえつけることができた。ハレルヤ。

独禁中は、祈りや聖書等に集中できたので、心は平安で、閉居罰が苦にならなかった。このようなことは初めてだった。それで、「今度は、モタ工場ではなく、もう少し穏やかな工場にしてください」と切に祈った。勿論、どの工場に配役されても、主にあって、エン・クリストオの者として、何事にも動じないで、また何事も恐れず、おののかないで対処する覚悟は出来ていた。

で、解罰の朝、告知された工場は、組関係者が多く、派閥の対立によるケンカ、口論が絶えないモタ工場であった。俺は前途多難を覚悟し、性根を入れて腹をくくった。この工場の評判の悪さを思うと、身が引き締まる思いがして、思わず身震いがした。ところが、初っ端に、正担当から「この工場は、のほほんとした工場やから、頑張れよ」と、優しく激励されて、ビックリした。と言うのは、普通なら、罰明け者や独禁解除の者が工場に配役されて行くと、「やる気はあるんかッ」と声を荒げて、一発かまされるからや。

独房明けに配属される工場は、昔からモタ工場と相場が決まっていたから、覚悟は出来ていた。モタ工場と言うのは、動作がモタモタしている所から付けられた隠語で、組関係者と懲罰を繰り返す者がほとんどで、職員の指示、命令に反抗的人間が多い工場区をそう呼んでいる。

が、この工場の風評は、すべて過去の物となって、目の前の工場は、まさしく、のほほんとしたものであった。組関係者は少なく、大半は身体障害者と、五〇代から七〇代の年寄ばかりで、実に穏やかな工場に変貌していた。俺は、二〇日間の祈りが主に聞かれたと主に感謝せずには居られなかった。

閉居罰の期間に、大変な事態が塀の外では起こっていた。東北の大震災だ。塀の中の俺たちには情報がほとんど届かず、生憎の閉居罰の身にはなおのこと、情報音痴に陥ってしまった。ラジオと新聞（一五分の閲覧）に頼る日々に少々焦った。それにしても、凄まじい惨状に唖然とするばかり。四国も南海地震がいつ起きてもおかしくないので、他人ごとではない。

廃墟《はいきょ》と化した町並みと瓦礫《がれき》の山、それに原発事故。日本沈没かと韓国の新聞は騒いだとか。俺は、上田牧師が著書の中で、原発事故を憂慮しておられたことを思い出した。牧師は、アメリカ・ロス地震の時に高速道路が崩壊したことに関して、当時の日本の専門家が「日本は大丈夫」と言っていたのを、「何が大丈夫か？」と指摘し、原発事故も起こり得ることを預言しておられたが、これが奇しくも的中した。

新聞記事の中に、全国民の視線が、固唾《かたず》を呑んで向けられ、何としても爆発の回避を祈っているといった内容の記事に、俺は「何を誰に対して祈っているというのや」と独り言《ひとりご》ちた。学も無く、知恵と知識に乏しい俺ではあるが、霊的感性を研ぎ澄ませて、今日の巨大地震を洞察するなら、神への恐れを感じた。これは余談だが、石原慎太郎の「神の怒り」の問題発言はいただけない。なぜなら、彼はある対談でキリストの存在を否定し、神を信じてもいない者が、神の怒りを口にすることは許されないと思うからや。俺は彼の豪放磊落《ごうほうらいらく》（度量が広く大胆で、小事にこだわらないこと。）な、歯に衣着せない物言いに好感をもっているのだが、こんどばかりはガッカリだ。

神の御名を出すからには、霊的な実がなければ、それは中身の無い空論に過ぎない。まさに風の吹き去るもみがらのように空しい。

キリストにある者として、この数日は、塀の中という環境ではあるけれど、「我関せず」と、無関心ではいられない。毎食、官から確実に三度の配食されていただきながら、また週二回の入浴の度に、さらに夜の布団の中で温かく眠りながら、俺の脳裏によぎるのは、東北という寒地に在って被災された人々の食不足と暖のない避難所生活の困窮の惨状や。

五体満足な健康体でありながら、また同じ日本の地に在って、何の力にもなれず、行動も出来ない己の囹圄《れいぎょ》（囚人を捕らえて閉じこめておく所。牢屋。獄舎。）の立場が歯痒《はがゆ》く、心は只々忸怩《じくじ》（自分のおこないについて心のうちで恥じ入るさま。）たる思いに端坐《たんざ》（姿勢を正して座ること。正座。）するしかない。

神も仏も頑なに信じず、頼らず、超の付く極悪に生きて、己の感情の赴くままに流れ、挙句に人を殺めたこの俺が、他の人のことを思い、人の痛みや傷付いた心を思えるようになった。今は、天に召された人たちの魂が安らかであることを主に祈る日々にある。思えば、俺の心に蒔かれた一粒の福音の種は、随分と時を要しはした。が、確実に、聖霊によって聖くされ、中から新しく造り変えていただいた。感謝あるのみ。

俺は上田牧師の牧会で、この福音の種に力強く、脈々と流れるいのちの鼓動を聞いた。そして、ようやく福音信仰に覚醒した。

　五年前、俺は生れてはじめて聖書を手にし、本を読む時の常識として、その一ページ（創世記）から読み始めた。面白くて、創世記を一気に読み、「出エジプト記」に進んだが、すぐに「これはどえらいものを手にしたなあ」と後悔の念にかられた。何故なら、俺の人生を振り返った時、俺は弁解の余地もなく、神に対して申し訳ない気持ちで一杯になった。で、「出エジプト記」の二一章の当たりから、前に進めなくなってしまったのや。「これはいかんッ」と、俺は旧約から一気に飛んで新約に移った。が、そこでもまた、「これはたいへんなことになったなあ」と、何度も投げ出したくなった。それは、自分には他者を愛する愛が、基本的に欠如していたからである。愛がないから、イエスの愛に、拒否反応と違和感を抱いたのや。H牧師に「愛のない者に、神はわかりません」と言われて、「よっしゃ、それなら神の愛がどのようなものか調べ、学んでみよやないかッ」と意地になったのや。

　主は、慈愛と忍耐と寛容をもって、我慢強く聖霊の風を俺の心に吹かせ続けてくださった。そして、それを主の風として、俺が己の理性に感じ取って、エン・クリストオの者にたどり着くまでは、幾多の紆余曲折《うよきょくせつ》（道や川などが曲がりくねること。また、種々込み入っていて複雑なこと。事情が込み入っていて解決に手間どること。）があった。そして、そこには必ずあったのが、人生の岐路《きろ》というやつや。人生の岐路をうまく渡れと言うのではない。

岐路とは、危機一髪の分かれ道のことである。人はそこで大抵失敗する。大事なことは、どの道を選ぶかではない。自分が踏み込んだその道に、神の声を聞く耳を持つことだ。聞く耳のある者は聞くが良い。

最悪の結果が最良を生み出すことがある。一発逆転がそこにはある。その力があるのは、御子イエス・キリストだけだ。聞く耳のある者は聞くが良い。

慰問演芸《いもんえんげい》

昨日、慰問《いもん》演芸で、歌手の牧村美枝子《まきむらみえこ》の歌を生で聞いた。一月末に所内のカラオケ大会のゲストとしても来所されていた。長浜ゆみという歌手の「よさこい祭り唄」も聞いた。久し振りの演芸だったので、楽しかったなァ。それにしても、同房者の三十代二人ともが牧村美枝子を知らないという事実に、年の差を痛感させられた。

若い彼らは、前座の若い歌手に大拍手だった。ただし、喝采は厳禁で、拍手の大きさが彼らの興奮のバロメーターだ。

余談だが、この慰問の前日に何気なく「明日は最前列の椅子に五名全員が座って、牧村美枝子と若い女の子の男唄を聴き楽しんでください」と冗談っぽく言うと、みんなで口をそろえて、「それはナイナイ」と手のひらを左右に振って笑い飛ばした。ところが、当日教誨堂(講堂)への繰り込みは、俺たちの工場が一番で、それも俺たち五人だけが最前列の椅子に座れたので、ビックリした。その上、本当に女の子たちが男唄を歌い始めたのには、二度ビックリ。いや、マジで驚いた。

そもそも、教誨堂《きょうかいどう》の最前列は、免業日(刑務作業がおやすみになる休日。)の出役者である炊事《すいじ》工場の指定席なのに、俺たち生産工場の者が座るということは、まず、いや絶対に考えられないことだった。なのに、俺たちがそこに座ったのやからねエ。わかるやろ?

演芸が終わって房内に還房すると、みんなから「吉岡さんのおかげです」と言われたのには、無茶苦茶照れくさくて、戸惑うばかりだった。それにしても、マジに不思議な出来事だった。

還暦

塀の中でも人は年を取り、還暦《かんれき》（起算点となった年の干支に戻ること。通常は人間の年齢について言い、数え年六一歳（生まれ年に六〇を加えた年）をさす。）は来る。犯行当時一七歳だった少年が四三年後の今日、還暦を迎えた。

思えば、この獄舎に流れて来た年月は、只々、空虚、空しい、真っ暗闇、どんな形容詞を使っても、まだまだ言い足りない。言うに言われない絶望感に閉ざされた昏《くら》い門の内に俺はいた。なぜなら、自分が犯した罪を省みて悔い改めることより、己の生立ちを呪い、親兄弟を憎み、世間を恨み、怨念《おんねん》と妬《ねた》みと呪詛《じゅそ》の念、怒りの情念に捕えられていたからだ。要するに、俺は、己の罪の全てを他に転嫁して、責任を他に擦り付けることによって自分の性悪を正当化しようとしたのや。

事件後の俺は、人ひとり殺めながら、悔悛の情の一欠けらもなく、法廷内で暴言を吐き、国選弁護人は解任し、結果無期囚となった。俺の半生は、誰をも恐れず、誰の意見にも耳を傾けず、遮二無二《しゃにむに》（一つのことをがむしゃらにすること。）、悪の道を突っ走ってきた。

　愚かな悪の代償は、少年無期囚として長い年月を、今なお、この獄舎に身を置いている。まさに、罪から来る報酬は滅び（死）やなァ。ところが主は、そんな俺を見捨てず、一発逆転、起死回生のどんでん返しを用意しておられた。この獄舎で、還暦を、晴れ晴れとした心で迎えるとは、何という幸せ者だろうか。

エン・クリストオの福音の花

極悪に生きて来た俺の薄汚れた心に、ポトリと落ちた福音の種。
それは五年前。が、しかし、十字架の種は俺の内に深く埋もれて、
鳴りをひそめていた。
生きているのか死んでいるのか、それとも眠っているのか。
その存在を手探りで呼び起こす術も知らず、
俺の信仰は、どんどんと大手を振って勝手に歩き出してしまった。
信仰をアドバルーンのように高く上げて、外見ばかりを着飾って、

その実、中身は空虚で希薄、薄汚れた心が着た、薄汚れた信仰だった。
だから、試練の風が吹くと、大海に揺れる小舟のように、
ゆらゆら揺られてぐらつき、もみがらのように軽々と吹き飛ばされた！
それでも主の慈愛と忍耐と寛容は、どこまでも広くて、深くて、高かった。
そんな体たらくの、なまくらな俺の魂に、聖霊の風が吹いた。
十字架の福音の種の生けるいのちの鼓動を、脈々と打たせて、
はっきりと、力強く、とどろかせて、とどけてくださった。
まるで、凍てつく激しい冬の寒さから、死を打ち破って、
新しい生命が息吹き、芽吹いた枝が、春の光に、
一直線に向かって行くように、希望に溢れ、喜びに輝いて、
つぼみを割って花咲く、桜の花のように、
俺の心に、やっと、やっと、キリストにある、
エン・クリストオの福音の花が、満開に花開いて、咲いた。
ハレルヤ、ハレルヤ、ハレルヤ！

『ヨブ記を読む』

上田牧師の書かれた『ヨブ記を読む』を差し入れして戴いて、貪《むさぼ》るように読んだ。そして、俺の目からウロコがポロポロ落ちて行った。

ヨブは、旧約聖書に出て来る人物で、実在した歴史上の人物なのか、架空の人物なのかよく分からない。俺自身は実在したと信じているが、それはそれとして、彼の「苦難の意味」を知りたいという思いで、ヨブ記に取り組んだ。が、何度繰り返し読んでも難しくて、歯が立たなかった。それで、牧師の著書一覧の中に『ヨブ記を読む』を見つけて、贈っていただいた。

「神は何故、ヨブが潔白で正しく、悪から遠ざかっている者であると知りながら、あえてサタンの手に渡したのか。」この疑問はどうしても解けなかった。ヨブの賜った試練は、あまりにも過酷《かこく》であり、理不尽《りふじん》であった。が、それでも彼は神を呪わなかった。俺だったら、とても耐えられず、暴れまくっている所なのに、彼は耐えた。

人間は、仕事に恵まれて、妻子が居て、その幸せな境遇から転落すると、「神よ、なぜ私ですか。どうしてですか」とつぶやく。幸福から不幸への逆転に耐えられる人間は少ないように思う。

失意のヨブを訪ねて来た友人たちの正論の中に隠された底意が見え見えだ。

「友人たちには、ヨブの財力や信仰心に対する妬みや、やっかみがあったような気がする。」という指摘に大きく頷いた。肉の友情のはかなさは、俺もさんざん経験してきたから良く分かる。

組の追跡を受けての逃避行中、或は、無期決定後に、友人は一人また一人と、俺から離れて行き、いつしか友情は見事に全て断たれてしまった。無論、俺にも問題はあった。それは認める。が……。あ、話が前後して申し訳ないが、新しい命題が見つかった。

試練にある友人に、どのような態度で接すればよいのか、震災地の人たちや難病で苦悩する友人に、どんな言葉をかければよいのか苦悩する。ガンバレ東北とか、とてもそのような言葉を発することは、俺には出来ない。『ヨブ記を読む』をじっくり完読した後、改めて読み返してみた。そして得た教訓は、「何故神はヨブに試練を与えられたのか」という疑問を解消することではなく、そのような試練に耐え抜いたヨブの生き方に学ぶことであった。還暦を迎えた朝、俺には新しい心が与えられた。エン・クリストオの信仰である。この新しい霊、聖霊の風に吹かれて、御心のままに生きる信仰聴聞《ちょうもん》の道が俺の前に開けている。イザ出発だ。

「なぜ人を殺してはいけないのか」

裁判のとき、国選弁護人に、「殺人は重大で、君がしでかした事件は、無期懲役か死刑のどちらかだ」と怒られて、反発した俺は、法廷内で、「人は、いつかは死ぬる運命にあるのや。そやから、俺がそれを早くして殺《や》ったのやッ」と大暴言を吐いて、自ら己の弁護を拒絶して退けた。

今の時代、平成の少年（子ども）たちに、人が人を殺める行為が、絶対的な悪（罪）であることを、きっちりと、理路整然《りろせいぜん》と説明できる大人が、はたしてどれだけ存在するであろうか……。

毎日のように殺伐《さつばつ》とした世相の中で殺人事件のニュース報道が流され、世界では、戦争とテロ（自爆テロ等々）による殺戮《さつりく》で多くの人の血が流されている。昭和、平成に限らず、今も昔も、子どもたちにとって、学校教育等で教えられる理想論と、日々、目で見て耳で聞き、体験する社会の現実には沢山の矛盾と大きなギャップがあるのではないだろうか……。

人を殺すということが、どれほどの悪か、また、人間の平等や豊かさや思いやり、社会正義や家庭の大切さをいくら説かれても、実際に子どもたちを取り巻いている環境は、差別や貧困、搾取や…不正、家庭崩壊等が日常茶飯事であるような、薄汚れた現実世界である。そういった現実に触れて、理想論の嘘を見抜いて大人社会に反発を感じ、グレが始まる。

「あれをするな。これをするな」という中身のない議論に辟易《へきえき》（ひどく迷惑して、うんざりすること。嫌気がさすこと。閉口すること。）して、結局それが家に閉じこもって、人とのコミュニケーションの不足となって、自分の意志力が欠如する。だからグレの底辺には必ず、自分が正しく正当で周囲の大人（親も含め）が間違っているのだという思いが潜んでいる。さらに言うなら…すまん。少年たちの話題になると、ついつい熱くなるのは俺の欠点だ。

話を続けよう。劣悪《れつあく》な家庭環境に育ち、児童施設出身者は、「男はヤクザ、女性は水商売」と相場が決まっていた。類が友を呼ぶように、肩寄せあって生きて行くほかはなかった。そして、同じ境遇に生きてきた者同志が寄り添って、流れるままに流されて行く裏社会のヤクザな生き方に、哀しくも心の平安があった。

大人社会の矛盾や不条理によって子どもの心は深く傷付けられ、涙を流して生きてきた。これは俺の経験としての確信だ。そうした子ども（少年）たちは、不適応や神経症に陥って引きこもってしまう者が実に多いのが現社会の実相ではないだろうか。

で、いったい俺は何を言いたいのかというと、人が人を殺める行為は悪の極みで、その極みの悪を、道徳的に説明しても、何の説得力にもならないし、解決にもならない。現在社会の現実に照らしてみれば、それは歴然である。とは言っても、この俺の頭脳では、こんな大きな社会問題に取り組み、思考を深く掘り下げて広め、回転さすことはとても不可能だ。またそれは俺の役割ではない。が、上田牧師の著書『若い日に』に、そのテーマに関する秘訣が記されていた。

沖縄と長崎で少年による殺人事件が連続して発生して、社会的関心がこの問題に集まっていた。あるテレビ番組が「なぜ人を殺してはいけないのか」という特番をやっていたのは、そのような背景の中で企画されたものであった。このとき、ある大臣が「信賞必罰《しんしょうひつばつ》、勧善《かんぜん》懲悪《ちょうあく》の思想が、戦後教育の中に欠落している」と指摘し、「（親は）市中引き回しの上、打ち首にすればよい」と暴言を吐いて物議をかもしたことがあったが、その話題を元にした「隠れた神」と題する講話にそのヒントがあった。隠された神とは良心のことである。良心の回復と強化以外に、救いの道はないと確信した。
「もし、長崎や沖縄の少年たちの耳に、「殺してはならない」という隠れた神（良心）の声が聞こえていたら、こんな事件は起こらなかったのにと思う。造物主は人々の記憶（潜在意識）の中に、先天的にそのような声を入力しておられると私は思う。それが良心である。良心は隠れた神である。現代社会はその隠れた神を、総力を挙げて追い出しておいて、このような事件が起こると…もっと少年法を厳しくせよ、道徳教育を徹底せよ、戦前の教育を復活せよと騒ぎ立てる…少年非行を予防するには、子どもたちの良心を強化する以外に道はない。…それには、神の存在をはっきり意識させることが何より大切である。」（『若い日に』一二〇〜一二二頁）
俺はこの部分に、諸手を挙げて共感した。俺は、少年による凶悪事件には信賞必罰、勧善懲悪が必要であることは認める。が、厳罰を科したからには、その子の将来の道（心）を、責任を持って整備し、愛の手を差し出してほしいのだ。
俺は心理学者なる人を全く信用しない。机上でのペーパーテストで犯罪少年の精神（心）状態をはかり、土足で少年の心を覗き見ようとする所に問題がある。

「いつもいつも、ず〜っとず〜っと」（幼な児たちに捧ぐ詩）

神さまはいるよ、ほら、君のすぐそばに いるよ。
そして君の、ほら、心のなかに 神さまはいるよ。
だからネ かなしいときや 苦しいとき、
辛くてさびしいときには、おもいっきり泣いて、涙を流し、
「神さま、助けてください」とお祈りをするといいよ。
そうしたら、神さまはきっと、君を助けてくださる……
でもネ、でもネ、神さまにお祈りをして、助けていただくには、
君がいつもいつも、ず〜っとず〜っと、神さまのことを忘れず、
信頼して、君の心にぎゅっと、神さまを抱きしめて、
離さないことだよ。いつもいつも、ず〜っとず〜っと……

この詩を読んだ上田牧師の言葉が耳朶に響き、嬉しかった。

「人を殺すとは、殺人犯の心に芽生えるこのような優しさまでも永久に闇に葬り去ることである。だからこそ、人を殺してはいけないのである。」

一年の節目に

上田牧師の著書『若い日に』の中に、俺と同年代である三人の話が出ていた。彼らが歩いた進路を、光とするなら、俺の歩いた道はその対極《たいきょく》にある暗黒の道であった。一六歳でヤクザな生き方に熱い大志を燃やし、悪の道に足を踏み入れた俺であったが、夢は破れて散った。もしあのまま、キリストに出会うことなく、悪の道を突き進んでいたら、今頃どうなっていただろうか、と思うとゾッとする。が、汚れに汚れた極悪の底辺から俺の福音人生は生れた。

主の御手の中で、長～い時はかかったが、新しい霊と心を得て、キリストの福音に、日々新しくされ、造り変えられている。やっと、己の進むべき道が定まった。

「十字架の恵みに我は救われて、獄舎に真理の道を定る」

三人の中に、精神科医になって、牧師と医師の二足の草鞋《わらじ》を履《は》いているクリスチャン医師が、その著書の中で、「あなたに死なれると、私は泣きますよ」と言ったというのを読んだ。俺のために涙を流してくれた他人など、俺の経験の中では皆無だったので、大いに感銘を受けた。

この八月で、第一便を出してから一年が経つ。これが二五通目。牧師の計算では、字数にして十万字を越えるという。これらの手紙の大半が日曜日のメッセージに取り上げられ、印字された自分の証しの文面にビックリさせられている。なぜなら、自分が書いたものとは信じられないようなことが書かれているからや。これらは全て聖霊の導きによって記したものであると改めて思う。悪の底辺から生まれた俺の信仰が、こんなに注目され、取り上げられている度に、戸惑いを覚えずにはいられない。

実を言うと、この一年を区切りに、上田牧師の下《もと》を、お暇を戴いて離れる予定でいた。と言って、次に行く当てもないが、いつまでも厚かましく居座ることは、俺が獄中者であるということで、牧師に迷惑をかけるのではないかと考えたのや。がしかし、己の信仰の昏迷し、「俺は神にすらサジを投げられたのか」と言った疑念に、悲嘆に暮れる日々の中で、必死に祈った。その結果、主イエスが上田牧師の懐に導いてくださったことを確信する俺が、自分の意志のままに、今までの人生と同様に、自由奔放《じゆうほんぽう》に振る舞って、上田牧師の側を当てもなく離れ去ることは出来なくなった。生意気な物言いになるが、個人の霊を揺り動かして、キリストの十字架の福音に導く牧師の資質は、その牧師に吹く聖霊の風が、熱く燃え盛っている炭火のように生きているか否かにかかっている。牧師にはそれがあると信じるがゆえに、俺の牧者はこの人以外にはないと信じて、今後も付いて行きたいと思う。

『献身のススメ』（内村鑑三、1861~1930）

汝の財産を神に献げよ、然《さ》らば神は己《おの》が有《もの》として之を守り、如何に紊乱《びんらん》せるもの也と雖《いえど》も、能く之を整理し、再び之を汝に委ねて、己《おの》が（神の）ものとして、之を使用し給うべし。

汝の身体を神に献げよ、然らば神は己が有として之を養い、
疾病《やまい》の重きに拘《かか》わらず、能く之を癒し、再び之を汝に与えて、
己が（神の）有として之を使用し給うべし。
汝の霊魂を神に献げよ、然らば神は己が有として之を聖め、
汝の罪は緋《ひ》の如くあるも、雪の如く白くなし、再び之を汝に還《かえ》して、
己が有として之を使用し給うべし。
神に献げよ、神の有《もの》とせよ、神をして自由に其能力《ちから》を施さしめよ。
然らば困難として免がれざるはなし、疾病として癒されざるはなし、
罪として潔《きよ》められざるはなし。乱れし其儘《そのまま》、病みし其儘、汚《けが》れし其儘、
今之を神に献げよ、而して神をしてその大能を以て汝に代わりて、
整理、治癒、救済の任に当たらしめよ。

礼拝メッセージ『献身のススメ』を読んで、内村鑑三の「財産も身体もそして霊魂も神に捧げよ」には、自分の信仰が如何に希薄であったかを見透かされた思いがして、痛い所を突

かれたと、ハッとした。

マタイ福音書一六章24節の「だれでもわたしについて来たいと思うなら、自分を捨て、自分の十字架を負い、そしてわたしについて来なさい」を読んで、「よっしゃ～、自分を捨て、十字架を負って、主イエスについて行こう」と、固い決意に心は燃えた。そのことに嘘偽りはないが、当時を振り返ってみると、それは只、漠然とした決意に過ぎなかった。自分を捨てることの意味を知りもせず、深い霊的洞察もなく、肉の観念で、それを捕えていたのだから、シャレにならない。自分に死に、自分を捨てるなどと、言葉の美しさに酔いしれて、結局の所、俺は何も捨てていなかった。

「あなたがたのからだを、神に受け入れられる、聖い、生きた供え物としてささげなさい。それこそ、あなたがたの霊的な礼拝です。」（ローマ一二・1　新改訳）

この聖句に、俺は自己卑下《じこひげ》して落ち込んだ。なぜなら、この身を神にささげるには、あまりにも汚れ過ぎていたからだ。刺青と左手小指の切断、刺され傷や切り傷だらけの身体を見るにつけ、情けなくなった。

ローマ書六章の「死者の中から生かされた者として、あなたがた自身とその手足を義の器として神にささげなさい」（13節）の意味は分かるが、自分の手足が極悪に染まり、血に濡れていることに気おくれがして、捧げることを躊躇《ちゅうちょ》（あれこれ迷って決心できないこと。）した。その俺が、その汚れたままの肉体の上に、すっぽりとキリストを着ることがゆるされた。ハレルヤ。

「われ生くるにあらず、キリスト我が内に在りて生くるなり」（ガラテヤ二・20）。

上田牧師の言《ことば》によれば、

「エン・クリストオの者とは、その肉の体の中に、実際にキリストを宿している者のことである。そこには、霊と肉、善と悪、愛と憎しみが同居し、ぶつかり合っている。それが生きているということである。私が悩んでいるからこそ、キリストが自分の中に入って来て、生きてくださるのだ。『悩みも恵みのうち』とはこのことである」ということになる。

これは献身とは関係ないが、先日、こんなことがあった。若いとき、俺は決して模範囚ではなかった。それどころか、ケンカに口論、職員への反抗と暴言は常習で、「反則太郎」の烙《らく》印《いん》を押されていた。集団行動中の行進ではいつも職員から「コラ〜ッ、吉岡ッ。足を上げんか。両手を伸ばさんかッ。大きく振れ、肩まで上げんかッ」と怒鳴りまくられていたものや。その俺が、先日、運動のためにグランドに向かって行く行進をチェックしていた担当者から「吉岡の行進はきれいや」と褒《ほ》められたので、ビックリした。いやこれはマジで。で、とっさに、「ありがとうございます。」と頭を低く下げていた。キリストにある俺の懲役囚としての態度と姿勢がほめられて、とても嬉しく、主に感謝する思いが自然に頭を下げさせたように思う。

人は年を取る共に角が取れて丸くなると言うが、俺の場合に限っては、年齢と共にではなく、主にあるエン・クリストオの者として、聖霊が俺の角を折ってくれたと断言できる。がしかし、人間の品性を言うなら、俺の品性はまだまだ愚かで粗野で、言葉使いもなっていない。また、未だに短気の虫が俺の中で蠢《うごめ》いている。

要するに、確かに内側は新しく造り変えられているけれど、それがなかなか外側まで出てこないというのが現実である。しかし、罪にまみれて悪の道を突っ走ってきた俺の中に流れているのは、エン・クリストオの者としての熱い思いである。エン・クリストオ。

デモは要らない

八月一四日。今は塀の中の夏休み(八月一二日から一七日まで)。差出日は一二日になるが、早々と朝からペンを取った。上田牧師への手紙を書いた。しかし、一日では書き終わらず、結局、連休最終日にまでずれ込んだ。前回の手紙で「一人でも多くの同囚が救われるように頑張ります」という趣旨のことを書いたところ、「でもは要らない。キリストは、一人でも多くではなく、悔い改める罪人である私のためにこの世に来て、十字架にかかってくださったのだから、目の前の一人のために祈り、伝道してください」という意味の注意があった。

何度も繰り返し礼拝メッセージを読み、考え、心静かに掘り下げ、かみ砕いてみた。四月一〇日のメッセージ「義人なし、一人だになし」を再読して、自分の大きな勘違いに気が付いた。

俺は、伝道について、牧師から「伝道は主の業です」と、あらかじめ注意されていたにもかかわらず、いつしか、福音伝道を人間の業にすり替えていた。信仰の傲慢《ごうまん》を抱えて、舞い上がっていた。伝道の熱意が、己を確立する方向に向かっていたのだ。そして、神の押し売りをしていた。愚かの極みだ。

熱しやすく冷めやすいこの性格は、牧師にはお見通しで、その千里眼にビックリした。が、これで挫《くじ》けて立ち止まるわけには行かない。弱さを持ったまま、キリストにより頼んで、エン・クリストオの者として生きて行かなくてはならない。主よ、助けたまえ。

塀の中のディスクジョッキー

塀の中のディスクジョッキー番組が矯正施設ではめずらしく、この刑務所内では毎月一回(午後六時三〇分~九時)ラジオ放送される。毎回、塀の中のリクエスト番組ということもあって、そのリクエストカードの提出数があまりにも多すぎて、希望する曲が選択(カード)されてかかるには、とても厳しい難関を通る必要がある。がしかし、この難関をくぐり抜けて、俺たちがリクエストした曲(歌)が、なんと八月の放送で流れた。

これには伏線があって、一人の同囚(同室者)が、「ほっとひと息」(番組タイトル)にリクエストして希望曲を選定さす方法として、一人よりも複数でカードを提出する方が、かかる確率が高い、という意見(提案)に、五名全員が賛成をした。で、一回目を、何の歌をリクエストするのか、となった。

俺はそこで、「アメイジング・グレイス」の歌を聞いてみたいのだが、「歌手名が不明で分からない」」、と言った所、この歌を知っている者が居て、本田美奈子と宇多田ヒカルの名前があがった。が、誰もこの歌が賛美歌とは知らなかった。同囚の話によると、アメイジング・グレイスは、本田美奈子の愛唱歌で、死の直前まで舞台の上に立ってこの歌を歌っている姿は感動ものだった、の主張に、みんなの心が引かれて、これをリクエスト（カード五枚で五票）することに一致決定となった。

当然カードに書く文章は、俺が代表して記した。

「五年前に、ある出来事（実子の件）に端を発し、心の絶望の淵に立って神に助けを求めて生まれて初めて聖書を手にして読み、イエスとの衝撃的《しょうげきてき》（イエスは私たちの罪の身代りのために、十字架にいのちを投げて死んでくださった）な出会いをし、今は、そのイエスの男気（愛）に惚れて惚れて、キリスト・イエスの十字架の福音人生を、日々この獄舎に神（主）を賛美して生きている」、といった短文の内容だった。

そしてそれが、八月の放送で朗読され、歌が流れたのや。そのとたん全員が、ヨッシャ～とばかりに歓声を上げげた。無論、高声交談は規則違反なので、声を低く落として喜び、雑談していた口にチャックして、歌に耳を集中して聴き入った。

日本語と英語で歌う本田美奈子のアメイジング・グレイスはすばらしく、歌声がとてもきれいで、聞きほれてしまった。いやこれはマジや。そして何故か、俺の胸はギュッとしめつけられて、目頭が熱くなった。決してそれは、死を宣告され、死を目の前にして歌う本田美奈子の悲愴感に、あわれを感じたというのではなく、死を目前にして、神を賛美して歌う彼女の穏やかで、悲壮美と言うのか、美しい姿勢が脳裏《のうり》に浮かんできたからや。

前にも言ったが、人の死はさまざまだ。が、私的（己の死）には、厳しい病の苦痛（身体）を望む。――罪のない一般の人を殺《あや》め、その上に親族を含め多くの人を不幸の底に突き落としてきた俺だから、安穏《あんのん》（心静かに落ち着いていること。また、そのさま。平穏無事。）で苦痛のともなわない死に様は、人生の終焉《しゅうえん》として申し訳なく、心からそう思うのや。――ともあれ、どの様な死に様に直面しようと、「アメイジング・グレイス」神のめぐみに深く感謝して賛美する歌を歌いたい。

息子よ

悪に生きた俺の一番の犠牲者は実の子や。親の責任をすべて放棄して、俺は背中を向けて逃げ去って来た。――あの子と離別して……歳月が流れ、過ぎ去ってきた。

息子よ、お前の母親と離婚をして、離ればなれとなる最後の面会の日、母の膝の上に抱かれて居たお前が、面会室を仕切る、透明の厚いボードの向こう側で、何を感じ、何に腹を立てたのかわからないが、突然に、大きな声をあげてぐずり出し、よちよちと必死に母の膝の上に立ち上がって、俺の方に視線を釘付けにして、ぼろぼろと涙を流しながら、小さな右の手を、何度も振りかざして叫び、泣いてボードに打ち付けて、何かを掴もうとしてもがいていた。

息子よ、あれから……年月が流れ、過ぎ去って来たが、俺のこの脳裏には、あの日の……お前の面影と記憶だけが、鮮明に焼きついて、哀しくも寂しく、時はその時点で停止している。

息子よ、面会室の向こう側から、何かを掴もうとして差し伸ばしていた、あの小さな手に、いつの日にか、きっとお前は、神の愛をしっかりと固く握り締めて、キリスト・イエスの十字架の福音に生きて、心やさしく穏やかに、キリストの愛のうちを歩き、神の愛、キリストの愛、十字架の愛に、日々感謝して、育まれ、成長して行ってくれることを、俺は願い祈る。

俺の生あるうちは、あの子に再会することはない。何故なら、俺がそれを望まないからや。

俺の今の思いは、陰ながらあの子が、明るく元気に、沢山の人の愛にめぐまれて伸びのびと成長してくれること、それだけだ。

俺は、人（自分と関わった人たち）の心の痛みと哀しみや苦悩を顧みず、極悪に生きて来た挙句《あげく》に、生まれてくる実子にまで背中を向けて逃げてきた。そんな俺が、キリストの十字架の愛（福音）に救われ、己の罪（悪）を悔い改めて、神の許に立ち返ることが出来たのだから、なんとしても息子に、俺の轍を踏んでほしくない。そして、さらに言うなら、息子に、キリストの十字架の福音に生きたエン・クリストオの者としての俺の生き方（主にあって）、魂が、引き継がれてゆくことを祈る。勿論、白く塗った墓のようなタスキの引き渡しではなく、熱く燃えさかる炭火、マグマのようになってキリストに埋没する生き方（福音人生）や。

俺の残された人生、二度と神に離反（背信）して背中を向けて逃げ出すことは出来ない。キリストの十字架の愛に、裏切りという泥をかけて返すことは断じて出来ない。名ばかりではあるが、実父として息子に恥じない福音人生を俺は生きて、証し続けて行こうと思う。

塀の中の運動会

一〇月七日は、当所の体育祭だった。年一回こっきりだから、俺たちにとっては大イベントで、お祭り騒ぎになる。その代わり、職員の警備の苦労は大変だろうと思う。誰もが、その日を楽しみにして、七月頃から心浮き立って会話が弾む。無論、当日に給食される昼食の折詰弁当がかりの行事なので、昔はグランドで食べていたが、今は午前中で終わるので、食堂で食べる。俺たちの楽しみは、その弁当とお菓子で、それに興味が集中する。クリスマスや正月気分と同じ気持ちやナ。

若い頃は競技に出場するということで、緊張感というか、心の躍動感があったものだが、年齢と共に、それも薄れて来た。六〇歳を過ぎると、もう出る幕はない。と言っても、二時間近く、野外で時を過ごせることには高揚感《こうようかん》があって、俺なんか四年ぶりなので、なおさら、待ち遠しかったぜよッ。

矯正施設は国立なので、体育祭の開始前には、グランドの隅にあるポールに、国旗を掲揚《けいよう》し、また閉会には降下する。日の丸を見ながら、キリスト者の俺には、それが十字架の旗印に見えた。と言って、自分が日本国民であることを否定するのではない。ただ、自分が掲げる十字架の旗は、上げたり降ろしたりするものではなく、常に自分の頭上にあって、明るくはためいているのものや。エン・クリストオの旗は、心の中に掲《かか》げるものであって、それは上げたり降ろしたりするものではない。

キリストの十字架は俺たちの旗印だが、キリスト者に限らず、最近は、一般人にも首から下げているのが目立つ。俺は、それがいけないといっているのではないが、感心できない。なぜなら、十字架は、魔除《まよ》けでも、お守りでもないからや。

キリストは、俺たち人間が絶対に捨て去ることの出来ない罪を贖《あがな》うために十字架に死んでくださった。その十字架の愛に対して俺たちがなすべきことは、罪を悔い改め、神に立ち返ること、つまり、キリストと共に十字架に死に、復活し、聖霊によって、主と同じ姿に変えていただくことではないだろうか。

話を戻す。もう寄る年波で、競技に参加できなかったのは残念だった。やっぱり、祭好きにとっては、踊る阿呆に見る阿呆、同じ阿呆なら踊らな損損と行きたいもんだ。

キリストの十字架の福音人生に参加して、十字架の旗を頭上に掲げた者には、年齢や体力は関係ない。それぞれの持ち場で、俺の場合はこの塀の中で、エン・クリストオの十字架の舞台の上に立って福音を踊ることができれば、それで本望というものではないだろうか。

俺は土佐人だから、「よさこい鳴子踊り」の歌詞で言えばこうなる。「じんばも、ばんばも、老いも若きも、幼な子も」、上手下手にかかわらず、聖書片手に、踊り踊って、踊りまくるのが福音宣言者である。主に信頼し、己の全生涯を主に委ねて踊るのがエン・クリストオの者である。その踊る姿を鏡に映し、日々の生活の中に生かして行かなくてはならない。無論、聖書を語るべき時には大いに語るべし。

真に福音の人であれば、ただ漠然と、キリストの十字架を仰ぎ見るだけで、傍観を決め込むことはできないはず！

少し余談になるが、幼ない子どもは可愛いいネ。というのは、当所の体育祭には、毎年最終プログラムにカトリックの「〇〇の子保育園」の園児たちが来て参加してくれるのだが、今年も三〇人位の子どもたちが、踊り（マルモリダンス）と、年長年少に別れてチビッ子リレー（徒競走）を俺たちの前に披露してくれた。

そして、いつもの光景だが、全員が保母さんに指示されて、グランドの中央に輪になって並び立つのだが、その輪の中に必ず三～四人の子どもが自分の位置に直立したままの状態で、音楽がかかって踊りがはじまっても微動だに反応せず、保母さんが寄って行ってなだめすかすのだが、それでも、何が面白くないのか、じ～っと動かないでいる。

俺たちは素直な子よりもそんな問題児？　が可愛いくて、かつ心配して、大きな拍手で応援のエールを贈る。自分たちの幼い頃の姿がそれにダブって重なり映るからや。

勿論、人相の悪いオンちゃんや、刺青を丸出しにした坊主頭の沢山のオンちゃんたちに、もの怖じすることもなく、保母さんの指示ではあるけれど、俺たちの方に両手を振ってはしゃぎ、愛嬌を振りまく子どもたちも無茶苦茶可愛いいヨ。心いやされるのや。しかし、我が子のことが脳裏《のうり》に浮かんで、目頭を熱くするのは、俺だけではない。

俺は沢山の幼児に接したことはないが、グランドの中央を行き来する園児たちは、保母さんがあっちといえば、あっちに行き、こっちといえばこっちに来て並び、ちゃんと整列する。右といえば右、左といえば左と、とても素直で従順だ。でも、その子どもたちも上に進学して行くにつれて、自分の意思と信念（思考）等を持ち、人生の道を歩んで行くのだネエ。しかし、人生の道（社会）は決して平坦ではなく、さまざまな問題と出来事が待ち受けている。高く険しい山もあれば、深い谷底もある。またとてつもなく大きな岩に行く手を塞がれることもある。人生はサタン（ありとあらゆる欲望への誘惑）の巣窟《そうくつ》（居住する場所。すみか。）といっても過言《かごん》ではないネ……。

子どもたちの未来が、右にも左にもそれず、人生（道）の真ん中を果敢《かかん》にして勇敢《ゆうかん》に歩んで行ってほしい。真ん中とは、無論、主の道、キリストの十字架（福音）の道や。――どうか、上田牧師が、今のうちになんとしても子どもたちの幼い魂、心に福音の種を一粒、そっと、やさしく落しておいてほしいと願った。その種はやがてかならず成長して、芽を出し、葉をしげらせて花を咲かせるだろう。園を旅立って行く、幼い小さなサムライたちはきっと、美しくきれいなエン・クリストオの花を見事に咲かすことだろう。

あと少し、子どもたちのことを聞いてくれ。グランドに展開する子どもたちの一挙手一投足を目にしながら、そこにある真理に深く心を打たれて感銘を受けた。

チビッ子リレーは、男先生がスターターとなってピストルを鳴らしていたが、意図的か、アクシデントだったのか、その真意は良く分からないが、スタートの際に、二〜三回、空打ちがあっても、彼らは決してスタートラインからとび出ることはなかった。スタートはピストルの音が鳴ってから走るというルール（約束）に実に忠実だった。そして、当然フライングはいっさいなく、チビッ子たちの知性（心）は汚れなく澄みきって、清くて純粋で、かつそれは、清廉《せいれん》（心が清らかで私欲がないこと。）の証しのように思った。また子どもたちの物事に対する集中力はすばらしく、彼らの動静にキリスト者として注目して観察して感じたことは、チビたちの感性はどこまでも無垢《むく》で豊かだった。

一度走りだすと、もうそのことに無我夢中で、後を走る者は、前に走る者の背中をしっかりと見据えて目線をはなさず、前を走る者は、視線の先にゴールをとらえて必死だった。——途中で一人（男の児）が転倒してハッとしたが、泣くこともなく、すぐに立ち上がって、走りを続行したのには感心した。それとネエ。走るのは女の子の方が早くて、バリキもあって脱帽した。——走っているときも、ダンス（マルモリ）を踊っているときも、一人として脇見をすることなく、全員が真剣だった。そこには勿論、打算やかけ引きはなく、欲望など一片の欠けらも持ち合わせていないのやネ。所持しているものはただ只、自分に真剣だということやネエ。反面、大人の俺たちの知覚（知性）は雑多で、いろんな不純物がゴチャゴチャに混ざって濁《にご》り複雑だ。だから、人生という競争では、自己の栄達《えいたつ》（欲）のために争い、人の足を引っぱっては突き落とすのや。また友人や家族の苦悩を踏み台にして顧みないのや。極み付けは、挫折感《ざせつかん》や劣等感《れっとうかん》などに打ちのめされて、挙句《あげく》にはサタンの軍門に降って大きなフライングをして凶悪な犯罪に走るのや。俺の過去の愚かがその見本や。

全行事が終了して、先生（保母さん）に帰途を促されたチビッ子たちは、一斉に塀の外に向かう大門（とびら）の方に向って、脱兎《だっと》（非常に速いことのたとえ。）のごとく駆《か》け出して行った光景には、ちょっと寂しかったナア。いやマジにネ。

塀の中のクリスマス会

塀の中の宗教行事（彼岸、大祓《おおはら》い、クリスマスなど）は、昭和の時代は強制で、全収容者が否でも応でも出席だった。しかし、平成になってから、憲法の宗教の自由の観点から宗教行事は自由参加となった。それ以来、俺は宗教行事には一切参加しなかった。が、今年はクリスマス行事への参加募集に、待ってました、とばかりに挙手して、参加を申し込んだ。昨年は独禁明けはダメということで、参加できなかったので、一二月三日が楽しみで待ち遠しかった。

当日は、二百名位の出席があり、第一部の壇上に、整然と整列した二〇名ほどの聖歌隊と一緒に、その二百名が「きよしこの夜」と「諸人こぞりて」を大合唱した。これには大感激だった。そして、聖歌隊の賛美歌メドレーに心を癒され、喜びに満ちた笑顔で歌う姿に、心が和んだ。勿論、俺が知っている歌は一曲もなかったが、電子ピアノの音色と澄んだ歌声の美しさにしびれ、魂がきよく洗われるような気分だった。アッ、それから、「きよしこの夜」が、何故か俺の遠い記憶の底に張り付いていて、この一曲だけは歌うことができたのや。でも、演歌のコブシを回して歌ったので、左右の同囚に笑われてしまった。俺たちの同室者五人は全員参加だったので、恥ずかしかった。ハハハ。

第二部は、体育祭に姿を見せてくれた園児たちによる「イエスの降誕劇」がなぜか中止となり、代わりに、歌と踊りが披露された。子どもたちの所作はとても可愛らしく、そこに繰り広げられる一挙手一投足《いっきょしゅいっとうそく》（こまかな一つ一つの動作や行動。）に、真理を感じ取り、癒された。短い時間だったが、主の深くて広い愛に感謝した。

平成の少年たちよ、きょうダビデの町で、
あなたがたのために救い主がお生まれになりました。
この方こそキリストです。（ルカ二・11）

メリークリスマス

知っていますか。
クリスマスはキリスト・イエスの誕生日であることを。
知っていますか。
と同時に、君たちの、新しい生誕の日でもあるということを。

そうです。君たちは、古い人をその行ないと共に脱ぎ捨てて
聖なるキリストの衣を、今日、その身にまとって、
新しく生まれ変わらなくてはならないのです。

どうか、君たちの心に、キリスト・イエスの十字架の愛が、
光となって、明るく灯り、煌々《こうこう》と光り輝いて、
君たちの未来が、キリストにあって平安でありますように。
メリークリスマス

第三部　塀の中のキリスト　塀を越えて

冗談じゃない！

　上田牧師からの通信がピタリと止まった。どうしたのだろうか。獄舎者を嫌《いや》がる人が居て、牧師が困っているのかもしれない。いや、そうではあるまい。病気だろうか。それとも、家庭に何か問題が起こったのか。色々と考えてはみるが、どれもこれも、見当違いのような気がする。それを確かめる術もなく、思案投げ首の日々が続いたある日、ついに来た。

　待ちに待ったその手紙を一読した俺は、愕然とした。手紙を片手に呆然《ぼうぜん》と窓の外を見つめる俺に、気遣う同囚の声にも気が付かないほどであった。そこに書かれていることは、あまりにも意外で、信じられないようなものだった。

「少しイジワルをして、わざと返事を出しませんでした。冗談ですが～」の次に、奥様が原発不明癌《がん》（転移が判明しているものの十分な検査を行っても原発巣が見つからない悪性腫瘍のこと。）で、腹水が溜まっていることが記されていた。勿論、笑うどころではなく、「冗談を言っている場合か？」とムッとした。が、先生は牧師だが、一人の男子として愛する妻が重い病に侵され、痛み苦しんで、厳しい試練にある現実に困惑し、その不安と恐怖を隠す照れを直感し、胸塞《むねふさ》がる思いで涙した。それにしても、先生は水臭い。社会にいたら、飛んで行って抗議したいところだ。最後に、「お祈りに覚えてください」とあったので、大きく頷き「分かりました」と独《ひと》り言《ご》ちた。

お内儀《ないぎ》は先生と共に流れのほとりに植えられた福音の木、苦楽を共にして四十余年、今もその途上にある身。そのおかげで多くの人が救われ、助けられた。この俺もその一人。四人のご子息と、お孫さんたちも居る。教会にも、上田家にも、無くてならない存在だ。そのご内儀が、「何故に？」と思いつつ、必死に祈り、そして、手紙を書いた。

「……話が変わりますが、そして少し、いやかなり生意気な文面、物言いになりますが、先生の広くて深い度量でどうかお許しください。

先生がご内儀様に向ける思い（愛）は、熱くありながら、武骨で、その態度は曖昧《あいまい》で不器用、というのではないでしょうか？　先の便にも記しましたが、先生と奥様は、川のほとりに共に植えられた一本の福音の木です。……私は奥様のことも上田家のことも皆目分かりません。しかし、先生のことは、交信や著書を通して存じております。先生からの書簡には重みがあります。著書、礼拝メッセージには聖霊の風が吹き、私を導いてくれております。ですから、上田家と教会の信仰の熱心に関しては、私には手に取るように感じ分かるのです。

まゆみ様の厳しい病の試練は先生の試練であり、主にあるエン・クリストオの者の真価が問われているように私には思えます。またそれは、御教会の信仰が試されているのではないでしょうか？

たいへん失礼ないい方ですが、『礼拝メッセージ担当』の文字が消えて、先生の名前のみが記されていることに、私には、深い哀しみにくれて、打ちひしがれた先生の魂が見えました。女性と対比した、世の男の男たる価値観は、男には腕力があって、肉体的、精神的においても強く頑丈で、猛々《たけだけ》しいというものではないでしょうか。勿論、私の過去は、その価値観の論外です。一人の女を倖せにしてやることが出来ず、不幸のどん底に突き落としたのです。また少年の頃から、女性のヒモは男のステータス、甲斐性と位置付けていたのですからシャレになりません。

抗ガン剤による治療は過酷《かこく》だと聞きます。時間が許される限り、彼女の側に居て、手をにぎりしめてあげてくださいネ。まゆみ様は主から賜った助け手です。助け手は頼もしく心強いけれど、女性です。女性の心は繊細で、当然先生の庇護《ひご》（かばって守ること。）が必要です。

先生、先生はまゆみ様の苦悩（苦痛）に、ともに苦しんでください。エン・クリストオの男児として共に泣いて涙を流すべきです。霊の涙に意地や男の矜持《きょうじ》は捨てるべきです。しかし、エン・クリストオの牧者としては雄々しく、決断を、判断を誤らないでください。『全国の友に対して、この件を打ち明ければ、たちまちＴＥＬの対応に迫られることは目に見えています。』

このことばは先生らしいと思いますが、現に目の前に患難が立ちふさがっているのです。悠長に構えてためらっている時ではないと私は思うのですが……。確かにまゆみ様の希望は尊重しなくてはなりません。でも先生はそれでよいのですか。二人より三人、一〇人より二〇人、一〇〇人より二〇〇人の祈りに何故にすがらないのですか？　労苦を共にして来られた、愛する人の生命の患難にＴＥＬの対応は問題ではありません！

たいへんな時期に、ましてこの獄舎にある私が、この様な手紙を先生に発信することには、正直いって、随分と迷いました。また、今回の手紙は、珍しく下書きをしました。でも三日がかりの下書きは支離滅裂《しりめつれつ》で、結局は完成せず。で、二九日の昼食後から、聖霊の助けをうけて一気に書きました。

今、大河ドラマの平清盛《たいらのきよもり》のテレビ視聴が終わり、八時四五分です。消灯一五分前です。

毎週月曜日が特別発信の提出日ですので、このまま提出いたします。日々、祈っております。行動の出来ない囹圄《れいぎょ》の身がもどかしく思います。が、この獄舎がキリストにあるエン・クリストオの私の福音の持ち場です。

二〇一二・一・二九　　吉岡拝

主にあって結ばれ、……築かれた上田家は、主にある血族の典型です。どうかその血族が霊の絆で一丸となり、厳しい試練に立ち向かい、勇敢にして果敢に戦う姿勢を世に問うてください。」（第三二便）

どうしてあのとき分からなかったのか。どうしてまゆみ様なのか。どうして……、色々の「どうして」が頭をグルグルと回っていた。そう言えば、「最後の運動会」というメッセージで、園が閉園になるから最後の運動会になると書いてあったなア。もうその時には病気が分かっていたのだ。だから、閉園を決意しての悲壮《ひそう》な運動会だったのだ。どうして気が付かなかったのか。今思えば、それとなく臭わすようなことが、あちこちに書かれていたのに、全く意にも止めずにスルーしてしまっていた。俺としたことが、うかつだった。後悔先に立たずとはこのことだ。が、後悔しても始まらない。祈って祈って、祈りまくるしかない。

主よ、まゆみ様と先生とご家族と、教会の皆様をお守りください。お願いします。アァーメン。

最後の卒園式

上田牧師からメッセージが送られてきた。例によって、余白に短くコメントが記されていた。

「家内はこの日を目標に生きてきました。それがようやく来たのです。」

短い文章ではあるが、ことばの意味は重く感じられた。そこには、先生がまゆみ様を深く愛する愛の賛歌のように美しく、俺の心を打った。お二人は、喜びも哀しみも、困難な時も、共に歩んで来られたのやナァ。ハレルヤ。

礼拝メッセージ「人生はアルファとオメガの間」には、お二人の幼児園の三五年間の思いがいっぱい詰め込まれていた。

夏休みの北海道旅行中に体調を崩し、二学期の開始と同時に、病名が判明したとき、まゆみ様が最初にしたことは、卒園証書を書くことだったという。このとき既に、閉園を決めたまゆみ様の覚悟は見事というしかない。最初のことばは、「運動会は必ずやる」だったそうで、それが終わると、次は「クリスマス会」、次は「造形展」、次は「卒園式」と、入退院を繰り返しながら、とうとうその最後の卒園式を迎えたのだから、意志の強さには驚くほかはない。全く脱帽だ。

園と共に歩んで来られた三五年を振り返った先生は、「この園は神の意志で始まった。だから、神の意志で閉じられた」と言われる。その謙虚《けんきょ》な姿勢と神を賛美する熱い思いに感銘《かんめい》を受け、それと比べると、自分はまだまだ小さく愚かで未熟だと感じた。

思えば、身も知らぬ地に来て、園と福音伝道の苦労は並大抵ではなかったと想像できる。ガラの悪い土地柄として知られる所で、よくぞ頑張られたと思う。が、まだまだお二人は地域にとって、なくてはならない存在で、園と地域を結ぶ架け橋として奮起頑張ってもらわねばならない。

三五年の間に、園から旅立った子どもたちにとって、園は愛の源であり、それがそれぞれの人生の場所に立って根を下ろし、社会の定めに従って、コツコツと地道に小さな生活を積み重ねているに違いない。自分の幼児期のことを思うと、それが如何に大切なことであるかがよく分かるのや。先生方、本当にご苦労様でした。そういう思いがこみ上げて来て手紙を書いた。第三五便や。

「……塀の中にある桜の木は、日一日とその花のつぼみをふくらませております。この手紙が先生の手元に届く頃には花ひらき、咲くことと思いますが、厳しい冬の凍寒《こごえ》が過ぎ去り、この温かい春の訪れとともに、自宅静養中のご内儀の容体が好転すると良いですネ。祈ります。日々、祈って祈りまくります。

あッ、これなんですよネエ。こういった粗雑なことば遣いに私は品性を欠くのです。（笑い）いや、これはマジです。

大震災（津波）から一年が過ぎた節目にと、まゆみ様ご自身の経験から作詞作曲された『くじけないで』と、一〇年ほど前に作詞された『主よ羽をください』の歌詞には、獄舎にある私が言うとシャレになりませんが、元気づけられました。だから言うのはありませんが、『くじけないで』の歌を被災地に発信してほしく思いました。

私の実子は、この春に中学三年生です。ボランティアの人たちによる家庭教師で高校受験に向けた猛勉強が約束されているようなのですが、音楽に興味をもって、ギターとドラムの練習に余念がないということです。……中学校を、いや小学校すらまともに卒業していない私であれば、中学、高校と進んで行ってほしいのですが、ま、これは私がこの中でやきもきしてもどうにもなりません。

唐突ですが、お内儀まゆみ様に、お見舞いをさせてください。といって私には高価なものを届けることはとてもできません。で、私の好きな歌の歌詞を受け取ってください。」

夜変わるよ　旅が始まる　白い雪は世界に
夢は子どもに　すべてが変わる　君は両手を　広げてりゃ、いいよ
幸せ、もらうために　ごらんよ星を　明日は天気だ
『すべてが変わるだろう』

二〇一二年三月二十五日

吉岡拝」

「くじけないで」

一、くじけないで　悲しまないで　苦しまないで
　長いやみ路が続いても　どこかに光が見えるはず
　　ひとりじゃないんだ　ぼくたちも　一緒に歩いているんだよ

二、くじけないで　悲しまないで　苦しまないで
　深い谷間を歩むとも　どこかに道が見えるはず
　　すべての希望が消えるとも　どこかに光が見えるはず

三、くじけないで　悲しまないで　苦しまないで
　すべての道が閉ざされても　まだまだ望みを捨てないで
　　ひとりじゃないんだ　ぼくたちも　一緒に歩いているんだよ

四、くじけないで　あきらめないで　苦しまないで
　きみが泣くならぼくも泣く　きみと一緒にいるんだよ
　　きみが喜び歌うまで　きみのそばを離れない

夫婦愛

第三五便で、「先生、許される時間をご内儀まゆみ様の側に寄り添ってあげておられますか。やさしくそっと手をにぎってあげましたか。(笑)いやマジに。えっ、それは照れるって、ですか。ま、愛に無骨な先生ですので、それをするには清水《きよみず》の舞台からとび降りるほどの勇気と言いますか、決心がいりますネ。(笑)でも、パウロは言っていますよ。夫たちよ。キリストが教会を愛し、教会のためにご自身をささげられたように、あなたがたも、自分の妻を愛しなさい、と。主の聖霊によって結ばれた夫婦(上田家)の絆《きずな》は不滅です!」と書いたら、その返事が届いたが、いやビックリしたネエ。

まゆみ様から「毎日足をもんでくれています。と書いといて」と言われたというのだから、これが驚かずにおれようか。マジに耳を疑い、いや、文字を読む我が目を疑いビックリした。実をいうと、主に祈りをささげながら、やきもきしていたところだった。しかし、質実剛健《しつじつごうけん》

（中身が充実して飾り気がなく、心身ともに強くたくましいさま。）である反面、愛に無骨な先生もついに、「味見」のメッセージの頃（昨秋）から、下地が練られて、その牙城がみごとに聖霊によって打ち崩されたのだナァ。

　厳しく強い風が吹くときも、雨に降られるときも、冷たく雪の舞う日にも、また喜びもかなしみも寄り添って、共に労苦して来られたご内儀まゆみ様の病に、おかゆとみそ汁を作り、足を揉んであげて居られる先生の、キリストにあるエン・クリストオの愛は美しい。

　当所の矯正《きょうせい》指導日のいったんとして、毎月一回、最終土曜日に、教養ＶＴＲが放映されるが、この間、百歳の日野原重明《ひのはらしげあき》（1911〜）さんのドキュメント番組を視聴した。その中で、若い頃から共に苦労されてきたご内儀により添う日野原さんの姿は、これまた美しく心打たれ感動した。そして、認知症のご内儀を囲み、フルート奏者の演奏に合わせて賛美歌を歌う光景に感涙した。ともに神を賛美する歌を歌える神の家族の存在は大切で、なくてはならない心の支えだと、心から思った。

　いまだに獄舎にある俺の福音人生を思うと、相対的に、ちょっと哀しく寂しく思った。が、これはちょっとした感傷で、情緒不安定になったわけではない。

　塀の中の桜は今が満開。風に吹かれてゆらゆら揺れる光景は、とても美しい。だから、その姿のまま、散って行くいのちに俺たちは魅了されるのだ。日本民族は、生きざまより、死にざまを評価するというか、美化する。桜の木は、長い冬の寒さの中に、じっと耐えて耐えて我慢し、新しいいのちを育み、春の訪れを待ち望んで来たのや。そういった所に注目して欲しいものだ。人間の生きようも同様だナア。

その手紙は、こう締めくくった。

「ご内儀のご健康の回復を心から、日々、お祈りします。そして、どうぞご夫婦水入らずの時を、ゆっくりと仲良くお過ごしくださいネ。散歩がてら見に行くことがありましたら、その写真を送っていただければ感謝です。

二〇一二・四・八　　吉岡拝」

祈りとは何か？

礼拝メッセージが急に途絶えて、何かあったのでは？　とあれこれ心配し、不安な日々が続いた。といって、上田家の現状が把握できない上、この獄中から無神経に俺の方から近況伺いの手紙を出すこともはばかられる。ようやく、六月二五日に、五月一三日から六月一七日までの分が送られてきた。そして、「祈りとは何か？」というメッセージの余白に記されていた先生の直筆文を拝読した俺はその短い文面に、先生の覚悟と、その覚悟の裏で揺れる男の弱々しさに心をうたれた。それと共に、何十年も連れ添った内儀まゆみ様の、厳しく過酷な試練に、成《な》す術《すべ》もなく、苦悶苦悩《くもんくのう》し、ただただ夫として、また牧師として、キリストの御前にひざまずき、祈る先生のその祈りは、生意気な物言いになるが、まさしく魂の叫びであり、うめきそのものであると感じた。

　まゆみ様の賛美歌最新作を礼拝メッセージ「祈りとは何か？」で拝見した俺は何故か涙が、マジに滂沱《ぼうだ》（雨の降りしきるさま。）のごとく流れ出て、止まらなかった。くやしくてくやしくて、悔し涙が出た。まゆみ様は半世紀に渡ってこの道を歩んで来られ、その福音人生はクリスチャンに相応しく、清く正しく清白に生きてこられた、と推察するが、まゆみ様はこれまでの人生で、これほどの怒りの感情を表に出して現すことはほとんどなかったのではないだろうか。そのまゆみ様にして、「祈りって何？」と疑問符を打たせたガンという病《やまい》の理不尽を俺は憎む。で、辛抱たまらず、先生に叱責《しっせき》されるのを承知で俺は、ご内儀に代わって言う。

「コラーッ、ガンのくそガキが。いつまで彼女の中に居座っとんのやッ、さっさと出て行け。なめとったらしばき倒すぞ。コラーッ！」

すまん。口汚く、ガラの悪いクリスチャンで。

先日のこと、工場の食卓に座る時に、テーブルの角に膝を打ち付けた俺は、とっさに、その角に向かって「コラ～ッ、だれの足に当たっとんのや。しばき倒すぞッ」と冗談をとばすと、隣に座る同囚が、すかさず、「ガラの悪いクリスチャンですネェ」と言って、大爆笑となった。ガラの悪さは簡単にはなくならないですナァ。

確かに俺は、顔つきも風体もことば遣いも、粗野でガラの悪いクリスチャンだが、その上に俺はすっぽりキリストを着たのや。「我生くるにあらず、キリストが我がうちに在りて生くるなり」、キリストにあるエン・クリストオの者にされたのだから、いくらガラは悪くとも、その悪性に流れ流されて行くことは少なくなった。それは、エン・クリストオの者としての自覚を常に意識して、聖霊様といつも結ばれているからや。それでも時々、肉の感情に突っ走ってしまって、問題に直面して立ち往生することがある。が、ハッと我に返って、聖霊様に引き戻されるのや。まゆみ様の作詞作曲の最後の歌が心に突き刺さった。

助けたまえわが主イエスよ

一、行き先見えぬやみのうち　手さぐり歩き傷ついて
それでも探す主の御手《みて》を　どこに主《しゅ》の御手《みて》、御衣《みころも》が
分からないまま　手をさしのべる
助けたまえわが主イエス

二、御声《みこえ》ぞきけぬ　にぶきわれ　御声《みこえ》を求め歩みつつ
それでも聞けぬ　御言葉《みことば》が　どこにも御声《みこえ》が、御心《みこころ》が
分からないまま　手をさしのべる
助けたまえわが主イエス

「祈りは聞かれた」

八月一二日、午前五時五五分にまゆみ様が召天《しょうてん》された急報を受け取った。無念の一語あるのみ。

主よ、何故に正しく生きてこられたまゆみ様なのですか、と天を仰ぎ見た。教会と上田家の上にある深い哀しみに、哀悼の意を表し、メッセージ「祈りは聞かれた」に書かれている、まゆみ様の見事な最後の所作に俺は感服した。以下は第四一便で。

「……抗ガン剤の投与から、ご自宅に戻られて、漢方の服用ということに私は正直いいまして楽観できず、制限された中であれこれと情報を集めて調べました所、まゆみ様の病（ガン）は深刻で厳しく、容易ならぬ状態ではないかと、直感しておりました。――

ご内儀様が、この世に生きた福音人生にハレルヤ、ハレルヤ、ハレルヤの三唱をもって私は弔意《ちょうい》といたします。まゆみ様の死は、すべての終わりではありません。永遠のいのちの始まりです。また生きている者の心にその死が福音となってとどまり、私たちはそれを大いなる学びとしなくてはなりません。

先生ご苦労様でした。まゆみ様へのガンの宣告（ステージ４）から、今日に至るまでの礼拝メッセージと、霊的所作はご立派で見事でした。

まゆみ様との一体（一致）した信仰の歩みと苦闘（共闘）の日々から与えられた御二人の生きた信仰は光り輝いていました。先生は、主に信頼し決して希望を失わず、苦難苦悩と果敢に戦う福音の勇者（戦士）でした。無論、これからもそうです。そして、先生は物を書く人です。「祈りは聞かれた」を含めて、御二人がガンを相手に戦った日々を世に問うべきです。

一日たりとも、奇跡のウンチを風化させてはならず、まゆみ様のエン・クリストオの者としての生き様と真っ向からガンと対峙《たいじ》された厳しく過酷で、壮絶な死にようは、未来永劫《みらいえいごう》に語り伝えて行かなくてはなりません。獄舎で神を賛美する者ですが、私はそう思います。またそれが御教会の教会員の人たちの誇りある使命ではないでしょうか。

先生、一言いいですか。怒らないでくださいネ。まゆみ様の死に泣きましたか……

最愛なる夫人（同志）の死に、男の我慢は不用です。誰はばからず、泣く時には涙を流して号泣してください。キリストにある者（エン・クリストオ）の流す涙はきよくて美しく思います。

二〇一二年八月十九日記」

上田　勇講話原稿　二〇一二年八月一三日（臨時）

「祈りは聞かれた！」

私たちのガンとの戦いは突如として始まった。まさに晴天の霹靂《へきれき》（青く晴れ渡った空に突然激しい雷鳴が起こることから、予期しない突発的な事件が起こることをいう。）とはこのことである。妻がからだの不調を訴えたのは八月の終わりの北海道旅行のときであった。高熱を発して、ほとんど外出できず、三日間ホテルに缶詰状態であったが、唯一観光できたのが思い出の「昭和新山」である。ところが、三〇年前の面影《おもかげ》は全く失われていた。ほうほうの体《てい》で引き上げてきた北海道旅行であった。が、そのときはまだ、テキの気配すら感じてはいなかったのである。

二、三日後、お腹の異常な膨らみに気づいて、近くの医院に行った妻が、青い顔をして帰ってきた。見ると、手元に某医師への紹介状が握られてあった。それからの一週間は、検査に次ぐ検査で、たちまち妻の体力は落ち、その間腹水は増え続けていた。へとへとの妻を一人で検査結果を聞きに行かせたくはなかったが、すでに二学期が始まっていたので止むを得なかった。

「一人で来たのか？　家族は？　……いやなことでも言っていいか？」これが不安と心細さに揺れるあわれな患者への医者の言葉であった。気丈な妻が、「ハイ、一人です。なんでも言ってください。覚悟はできています」と答えると、彼は「病名は原発不明ガン、ステージ4です」。事情にうとい妻が「5があるんですか」と問うと、「ない」という返事。「じゃー、末期なのですね」。「そうじゃ」。

その後も、テンヤワンヤは続いた。すなわち、県に一つしかない（？）ペットの検査のために医大に行き、さらに検査結果が病院に送られてきたのはその一週間後であった。そうこうしているうちにも、微熱と腹水の増大は続いていて、九月のうちに一週間ごとに三回の抜水を行った。なぜなら、「腹水は抜くしかないな」と医師が言ったからである。さすがに不安になった私が、「どれぐらいの間隔で抜くようになったら命の危険があるのですか」と、夏休みを取った主治医に代わって、ペットの検査結果を伝えた女医に聞くと、「週に二、三回が限度です」と、こともなげに言う。

その後、幾つかの紆余曲折の末、漢方薬によると思われる一時的な回復で一息ついたのも束の間、冬になってから病状は急に悪化。元の病院に逆戻りせざるを得なかった。抗がん剤による治療は三週間をワン・ステージとして、数回繰り返し行われるものらしいが、妻の場合は、三分の一ずつ、三度投与した。が、その三週が終りきらないうちに、子宮体ガンの疑いアリと診断した産婦人科の主治医が、「あなたには抗がん剤は効きませんでした」言ったという。このようなことを、私の居ない所で直接患者に話す女医の無神経さにはあきれるばかりである。

抗がん剤による化学治療に見切りをつけた妻が次に取ろうとした行動は、即退院であった。が、時期が悪かった。なぜなら、インフルエンザの流行期だったからである。が、女医は化学治療をあきらめたのではなかった。「薬剤を強くするか、他の薬剤を使って、もういちどやってみませんか」と、強く勧めた。しかし、彼女の決心はもう変わることはなかった。「お別れ会もあるし、卒園式もあるから、退院します」。

病状の悪化に伴って、妻の祈りが次第に変化して行った。基本的変化の流れは、抽象から具象に、長から短へ、大から小へ、複雑から単純への流れであり、直截《ちょくせつ》（すぐに裁断を下すこと。）への流れである。が、妻の祈りの多くが聞かれず、それを嘆く声が多くなったのは事実である。

終わり頃には、実にシンプルな祈りとなっていた。例を挙げれば次の通りである。

「ご飯が食べられますように！」

「お腹が少しでも引っ込みますように！」

「便が出ますように！」

「おしっこが出ますように！」

「歩けますように！」

「息が楽になりますように！」

「トイレまで歩いて行けますように！」

「今晩少しでも眠れますように！」等などである。

が、このようなささやかな祈りも聞かれないことが多くなり、妻の口から嘆き節が聞かれるようになった。いわく、

「もう私の祈りは聞いてもらえない」

「いつまでなのでしょうか」

「もういい」、「しんどい」

「息苦しい」

「背中が痛い」

「眠れない」

「真っ直ぐ寝られない」

「だれでもいいから、だれか助けて」

「はやくお迎えが来ないかしら」。

「祈りは聞かれる」。これは妻の信念であった。その信念に基づいて彼女はこれまで祈ってきたのである。園も、彼女の祈りが聞かれて誕生したものであった。ところが、今度ばかりは、そうはいかなかったのである。それだけに、「私の祈りは聞かれない」という妻の悩みは深刻であったと想像できる。「何故？　どうして？」という疑問形の祈りばかりが目立つようになった。四六時中、側に居た私には、それらの言葉が針の筵《むしろ》のように感じられ、いたたまれなくなった。勿論、いちばん辛いのは本人であることはわかっている。しかし、聞く者にも辛いものがあったのである。

五月になり、再び腹水が増え始めて、二週間の間隔を置いて二度抜水した。その段階で、ある病院の緩和ケアを紹介され、訪問看護を受けることになった。その病院に決めたのは、カートという画期的な技術に出会ったからである。カートの説明は別の機会に譲るとして、話を先に進める。

カートは、結果的には約二か月延命の役目を果たした格好であるが、この技術はまだ発展途上であって、諸刃の剣とでもいうべき恐ろしい文明の利器であった。二回の施術の結果、妻の体力は著しく失われ、その上にガンが胸膜に転移して、胸膜ガンとなり、胸水が溜まってこれが致命傷となった。

予定していた退院は見送られた。そして、緩和ケア外来から緩和ケア病棟に移り、それと同時に、家に帰れる希望は事実上失われたのである。在宅介護が解除され、レンタルしていたベッドや車椅子も返還せざるを得なくなったからである。

今思うと、そのとき既に死ぬ覚悟はできていたように思う。いや、死ぬ覚悟なら、とうの昔にできていた。なぜなら、九月の頭に「ステージ４」の宣言を受けたとき、彼女はすぐに「卒園証書」を書き上げていたからである。

二度目のカートの後遺症である激烈《げきれつ》な吐き気・嘔吐《おうと》の危機はかろうじて脱したものの、その時点で、もはや強力なテキであるガンに対抗できるだけの体力は彼女の中に残されてはいなかった。

胸水による呼吸困難と、背中の痛みで、眠れない夜が続き、衰弱するばかりの妻を目の当たりにして、私はなすすべを失ってしまった。その危機を救ったのが、この春、柔道整復師《じゅうどうせいふくし》の国家試験に合格し、介護の現場で働き出した次男であった。彼は眠れないという妻の背中の水を押し出すようにして揉み解し、背中を平らにして寝かしつけたのである。真っ直ぐになって一晩ぐっすり眠れた妻の満足そうな顔を見るのは、私にとってもひさしぶりの幸せであった。が、とき既に遅く、死期が迫っているのを察した妻が次に取った行動は驚くべきものであった。

日本中の緩和ケアが、ここと同じだとは思わないが、モルヒネ一辺倒のケアであることに違いはないように思う。それかあらぬか、家内が「しんどい」とか、「痛い」とか、「息苦しい」とか言うと、必ず出て来る台詞が「オプソ（モルヒネの錠剤）を飲みなさい。楽になるよ」という言葉である。薬嫌いな妻も、何度も言われているうちに、数回飲んだ。が、ちっとも楽にはならない。それどころか、便秘になって余計に苦しむのが落ちであった。でも、色々とやっているうちに、自動的かつ持続的にモルヒネを注入できる長方形の器械が取り付けられてしまった。楽になるならと家内が同意したからであるが、実際は、イヤイヤながらの同意であった。

モルヒネが注入されるようになると、ボーっとするだけで、楽にはならず、人の顔を二重にも三重にも見えるようになるせいか、目を閉じていることが多くなった。

息を引き取る前日の朝、「ナースコールをしてくれ」と妻がいう。やってきた看護師に向って「これを取ってくれ」と決然として言い放ったのである。「針だけは残しておいたら？」という看護師の言葉には耳をも貸さず、重ねて「全部」と言って譲らない妻の顔には決意がみなぎっていた。すると、細い妻の目がパッチリ開いて、「起こしてくれ」という。起こすと、「座ってトイレをする」という。気迫に押されて、ようやくの思いでトイレに座らせたが、力のない体を支えるだけでも大変なのに、これで大便がでるのだろうかと疑問であった。看護師も駆けつけて、とにかくやろうということになり、それは始まった。十分ぐらいすると、かなりの量がでたので、やれやれと思っていると、「まだある」と言って動かないのである。「とにかく全部出すまでやる」と言いきる妻になかばあきれながら従わざるを得なかった。懸命に頑張る妻。しかし、如何《いかん》せん、もう力は残っていないのは明らかであった。その妻が突然「チヨさん、祈って！」叫んだのである。チヨさんは長男の嫁でまだ祈った経験などほとんどないのに、そのようなことに頓着なく、思わず出た言葉であった。それで、私が「カミサマ助けてください」と祈ると、「違うの、ウンチを全部出してくださいと祈るの」と妻。ポータブルトイレに座ること三〇分、倒れるようにベッドに移った妻のトイレの中はウンチの山となっていた。そのとき私はまだその意味を図りかねていて、ただ驚くばかりであった。無事に命がけのトイレを済ませたのち、何故か彼女はわずかばかりの水分以外は一切のものを口にしなくなった。そして、久し振りに全身を拭いてもらい、あたらしい寝巻きに着替え、横になったのである。午後になってから、「もう終わりだから、子どもたちを呼んでくれ」という。驚いてナースコールをすると、看護師も首をかしげて、血圧も脈拍も安定しているから今すぐとは思えない。が、本人がそう思うのなら呼んだ方がいいだろうということになり、子どもたちに連絡した。近くに居た二人に問題はないが、問題は岡山と大阪にいる二人である。中でも大阪の次男は間に合うかどうか心配だった。が、彼が駆けつけるまではチャンと意識があって、到着を待っていたかのように、こん睡状態になった。そして、夜が明けたころ、安らかに私の前で息を引き取った。

私の混乱する頭の中では、いつまでもあのウンチの山がちらついていた。あれは何だったのか？　すると、妻の穏やかな死に顔が微笑んだように思った。その時私は悟ったのである。死期を悟った彼女が、その時点でなすべきことは、自分が楽になることではなく、残される私や子どもたちにしてやれることをするということだったのである。すなわち、すべての体内にある汚いものを自分が生きている間にすべて出し切って、死んだ後に、それが汚物となって出てくるのを、私たちに見せたくなかったのである。なぜなら、子宮がんで亡くなった彼女の母親を看取ったとき、その惨状を目撃していたからである。それで、その後は一切のものを口にしなかったのである。それに気づかなかった私は、なんという愚かな夫だったのだろうか。

彼女の最後の祈りは「カミサマ、ウンチを全部だすために力を貸してください」であった。この祈りは、主に届き、確かに聞かれたと私は思う。あのウンチは奇跡のウンチである。祈りは聞かれる。それが妻の最後の証しであった。

奇跡のウンチ

まゆみ様の末期がんの宣告から始まった凄絶《そうぜつ》にして勇猛果敢《ゆうもうかかん》（危険や困難を恐れずに、力強く思い切りのよい決断をして行動すること。）な戦いの日々の全容が、「祈りは聞かれた」に続いて送られてきた「勇気ある凱旋」、「神様のご褒美」九月六日に落手した「ご褒美の十字架」と、まゆみ様の「人間の死」によって、獄舎にある俺の前に明らかにされてきた。それにしても、それは俺の想像をはるかに超えてすさまじく、過酷で激しい戦いだった。

俺は伯母の死や父親の死、また友人たちの訃報《ふほう》に、これまで涙を流して泣いたことがない。というのは、人を殺めた俺が、身近な者の死に哀しんで涙をながしていてはシャレにならず、泣きたくても絶対に泣かないという強い思いが諦念となって心のうちに深くはり付いていたのや。がしかし、その俺の諦念が、まゆみ様の「もう終わりだから、子どもたちを呼んで」のことばに、不覚にも、脆《もろ》く崩れて涙が流れて止まらなくなったのや。

辛かったことだろう。哀しくて寂しかったことだろう。無念な思いと、心残りなことも多くあったことだろう。でもこれは、傍観者であり部外者である俺の感傷に過ぎない。まゆみ様が言った「もう終わりだから」の終わりの意味は、敵であるガンと戦った勝利の終結宣言だったと俺は推察する。以下第四二便。


~敵（ガン）は執拗《しつよう》でかつ力は容赦なく強力で無慈悲《むじひ》でした。クスリの投与《とうよ》による副作用で身体はボロボロに痛み傷つき、まゆみ様の苦痛と苦しみは極限に達し、精神は弱り、疲れ果て、魂は、暗い闇《やみ》の底に落ちていたのですよネエ。しかし、それでもまゆみ様は最終的に生命は失ったけれども、ガンには屈せず、魂（信仰）はヨブと同様に明け渡さなかったのです。モルヒネの皮下注射《ひかちゅうしゃ》を自分の意志で決然と取り去ったということは、人間が持つ性である生への執着を自分から自ら捨て去ったのですよネエ。と共に、すさまじく苛酷《かこく》で壮絶な苦痛死を選択されたのです。……自分の命の事よりも、愛する夫やご子息の方たちの生活を犠牲《ぎせい》にした辛い日々の苦悩を思い直視したその決断は美事でした。キリストの十字架の具現《ぐげん》です。そして、「奇跡のウンチ」の祈りは、崇高で、祈りの神髄ですそれを教えていただいて感謝感動です。

私はまゆみ様のうちに深く浸透《しんとう》して居座る敵（ガン）に対して辛抱堪らず、まゆみ様に代わって口汚くののしって罵倒《ばとう》しました。が、まゆみ様はすでに腹を括《くく》って敵を組み伏せていたのです。気性はやさしく、か弱い女性のイメージがフッとびました。してやられました（笑）。

まゆみ様、あなたは雄々しく強かった。まさしくスーパーウーマンの呼び名に相応しく、あなたは私の誇りです。「吉岡さん、それを言わんといてって言ったでしょう」と照れて苦笑する姿が目に浮かびますが、私が言うのは、福音に生きて福音に殉じた偉大な福音の人であったという意味です。最後になりましたが、先生、どうかご無理なさらず、まず身体をゆっくりと休養させてから物事をすすめて行く事が肝要ではないでしょうか。先生が今倒れるような事になれば、愛を追い求めて生きたまゆみ先生の人生の、今わの際のあの奇跡のウンチの祈りと延命拒絶の決断が無になるのではないでしょうか。出過ぎた物言いですが、先生の体が心配です～。

追伸
先生、まゆみ様の凄絶《せいぜつ》にして厳《きび》しく苛酷であったガンとの戦いの記録は、将来的にキリストの教会会員とその関係者を対象とした礼拝メッセージに限定せず、広く世間（社会）に公開すべきではないでしょうか。ガン患者のガン死と、その介護、また医療は、今最も社会が注目している深刻な問題である事は、私たち囚人の間でも議論する的《まと》です。
患者は病気と闘うばかりでなく、医者や看護師とまで戦わなければならない。それがこの国の現状である。先生のこの言（「勇気ある凱旋」）には体験してきた者としての強い説得力があります。だからこそ、医療の現場に一石を投じることがキリストにあるエン・クリストオの者の使命ではないでしょうか。まゆみ様のガンとの戦いを通して先生は、その使命を主から託されたのではは、という思いは私の霊的未熟《みじゅく》な錯覚《さっかく》だろうか……。

まゆみ様の訃報《ふほう》を受け取った時の俺の心中は無念の一語に悔しくて悲しくて「主よ何故に俺ではなく、正しく生きて来た彼女を上田家から、また教会から、また園や卒園生や沢山の人たちの前から取り去ったのですか」と抗議して、ぐちぐちとぐちった。

「俺の祈りは聞かれなかった」—「愛のない者に愛は分かりません。」—しかし、その愛の神が何故、何故と、俺の信仰は風に吹かれて揺れ動く大波のようだった。末期ガンは非情だ。耐えがたい痛みと苦しみの中に希望はなく、絶望だけの死が相手の戦いだから。

それでもまゆみ様はみごとにその戦いに勝利されたのや。無論それは、信仰の勝利や。絶望の中にきっちりと希望をとらえていたのやなア。奇跡のウンチがその証しであり、そして、戦いの全容が捲れてくることによって、俺の何故は、霊的な目と洞察を見失った愚か者の感情（感傷）に過ぎなかった。

一九日に届いた「神の公平と不公平」のメッセージにある先生の言《ことば》は、そんな俺の心中を鋭く射ぬいてくれた。主に異議を唱えて抗議するというのは、まったくもって筋違いもはなはだしく論外だった。

「神のなさることは常に公平であり、平等である。主の前にあって、我と彼を比べてはならない。」—俺は頭を深くさげうなだれて、悔い改めた。まゆみ様の信仰（火の試練）の戦いに水をさしたようで、誠に申し訳なく思った。まゆみさん、ごめんなさい。許してくださいネ。

余談になるが、「奇跡のウンチ」を若い同囚（嫁さんはカトリック信徒）に話すと、その感動の余韻《よいん》を、そのまま他の者に伝達するのには閉口した。がしかし、話の筋立てが実に的確で感心してしまった。

俺たち獄舎者は、大半が社会生活は不摂生《ふせっせい》（健康に気をつけないこと。健康に悪いことをすること。）なので、重い病気に倒れて闘病の経験者が何人か居る。クスリ等の投与による副作用の難敵が便秘だという。で、その同囚が奇跡のウンチに対して、「それは信仰の力ですネエ」というのにはビックリした。何がビックリかというと、身体全体に刺青を入れたヤクザ者の口から、そんなことばが出てくることは、予想もしていなかったからや。勿論、「信仰の力」には異論があるが、まゆみ様の信仰を称賛してくれたことが嬉しくて、思わず「ありがとう」のことばが俺の口から出た。

俺たちの信仰に力があるのではない。力は神から来る。俺たちはその神を信じて仰ぐのみや。

「天の父は、悪い人にも良い人にも太陽を上らせ、正しい人にも正しくない人にも雨を降らせてくださるのです。」（マタイ五・45）

まゆみ様の遺言の中から、俺に関する一文が出て来たという知らせが来た。正直に言うと、まったく意外で、ビックリした。

一般社会の通念として、客観的に見て、獄舎にある犯罪者の俺たちは、忌み嫌うべき存在に違いない。キリスト教会にしても、現実として俺たちが発信する手紙を無視する教会もある。また返信が来たとしても、「そちらの教会に救いを求めてください」という冷淡なものだ。で、まゆみ様も例外ではなく、先生と俺の獄中書簡の交換を、側で静観しておられるとばかり憶測していた。が、そのまゆみ様が、俺が出した手紙の返事に、「足を揉んでもらっているから」と書いといて、と言う伝言に、俺は欣喜雀躍《きんきじゃくやく》（小躍りするほど大喜びをすること）、天に舞い上がってしまった。いやこれはマジで。

直接はもとより、間接的にもまゆみ様とは意志の疎通が出来なかったので、それが出来たことが嬉しかった。もっと多くのことを語りたかった。まゆみ様の福音人生を沢山聞きたかった。

俺は、安楽死は望まない。激しい苦痛を伴う死を望み、それを受ける覚悟でいる。己が歩んできた人生に照らせば、それは当然のことと思うからや。が、もし仮に、まゆみ様と同じような状態に俺が置かれたならば、はたしてその信仰の試練に耐えきれるだろうか。

「それでもあなたは自分の誠実を堅く保つのですか。神をのろって死になさい」というヨブの妻のことばに、己の魂（信仰）を明け渡しはしないかと、マジに不安になる。が、なんとしても、断じて信仰の敗者の烙印《らくいん》はごめんだ。

信仰の試練に打ち勝って、天に凱旋《がいせん》されたまゆみ様の魂が上田家と教会、またその地方の方々と、まゆみ様がこの世で関わった園の卒園生の子どもたちや、沢山の人たちの上にあって、皆様の心がいやされ、なぐさめられるように、切に祈る。

『死で終わらない人生』

上田牧師から『死で終わらない人生』という本が送られてきた。牧師自身の手作り本で、まゆみ様のこの世に生きた「いのちの証し」が綴《つづ》られていた。また、閉鎖された園は、記念館となって、「二人展」の会場として整備されたという。まゆみ様亡き後の牧師のなさりように、俺は感服、いや、脱帽して敬服した。

この冊子には、まゆみ様の生きた命の証しが、福音の鼓動となって脈々と息吹き、今も、まゆみ様の魂は生きていると実感した。地上に残る者にとって大切なことは、まゆみ様を葬ることではなく、その遺志を大事にすることなのだ。

先の手紙で「先生が体験された医療の現場での医師と患者との確執《かくしつ》（互いに自分の意見を強く主張して譲らないこと。また、そのために生じる不和。）を世に問い、一石を投じるべきです」と書いたことは、先生たちが受け継がれた使命とは、かけ離れたものであった。つらつら考えてみるに、「一石」には、己の私憤《しふん》（個人的な事柄でのいきどおり。個人としていだく怒り。）が、かなりの部分、込められていたように思う。というのは、友人二人が、心ない担当医の発言・態度に翻弄《ほんろう》されて、身も心もボロボロに痛めつけられ、精神までも疲れ果て、異常をきたしている実情があるからや。彼らに「祈りは聞かれた」と「勇気ある凱旋」を手紙に同封して送ったら、「身につまされて胸が痛み苦しくて読むのが辛かった」という返事があった。死は終わりではない。むしろ、始まりである。それは、死んだ人自身にとっても、また遺された者にとってもそうなのだと思う。

　俺によって死を迎えなければならなかった人はもうこの世にはいない。そして、死に至らせてしまった俺はまだ生きている。が、死はまだ何も終わらせてはいない。俺が生きている限りは、この人も俺の中で生きていて、俺がどんな人間になるか見張っているのではないだろうか。もし俺が、悪に生きて、滅茶苦茶《めちゃくちゃ》な人間のまま、惨《みじ》めな死に方をすればそれで満足だろうか。それとも、死刑になって欲しかったのだろうか。いや、きっとそうだろうと思う。しかし、現実は、少年だったから、死刑は免れた。では、その少年無期囚がどのように生きれば、あの人は浮かばれるのであろうか。答えはないが、死がすべてを終わらせたのではないことは確かである。

死生《しせい》命《めい》有《あ》り

先生宛てに発信した先便（第四三便）に、「安楽な死を私は望まず、この獄舎に在って、心も身体も苦悩にもがき、苦しみぬいて、その苦悩と苦痛の果てに朽ちて行く死を求め望みます」といった内容の文面を書いた。哀しみの癒《い》えないこの時期に無神経な心ない発言であった。その先生から「それは、主を試みることになるのではないでしょうか」のご意見に、俺は心に引っかかって離れず、深く考えらされた。そこで、次のような返事を書いた。

「……『死生命有り』ということばが有りますが、キリスト者にとって死生とは『わたしはアルファであり、オメガである。最初であり最後である。初めであり、終わりである』と聖書にあるように、この世は神によって始まり、神によって終わるのです。

神の存在なくして、何事も始まらず、終わることもない。私たち人間にとって神が全てで、絶対です。無論、死生は人間はどうにもならず、神の領域です。「主は与え、主は取られる。主の御名はほむべきかな。」とヨブ記にもあります。

人間各人が、神から与えられ任されているのは、生と死の間に生きる自由意思です。これが人間の、いや私の最大の課題なのです。なのに私は、とんでもない勘違いをしていました。自分の過去の悪行に対して、この身をもって罪滅ぼしといいますか、苦悩と苦痛をともなった死を望むと言う私のその思いに偽りは有りません。がしかし、霊の目をもって、その心の裏にあるものを探って透視してみますと、そこには肉の打算が潜み隠れていたのです。それは、苦悩苦痛死を、私は天の御国に入る手段にしていたのです。これは断定です。何故ならば、この肉体の死がすべての終わりではないことを、私は聖書を調べて知っているからです。知っているから自分の過去の数々の極悪な所業を苦痛死で清算しようと計っていたのです。神にとっても価値の無い存在としてさばかれる第二の死（黙示録二〇・14）を恐れていたのです。死（ガン）を相手にしたまゆみ様の過酷で厳しかった凄絶な信仰の戦いをこの目で見ておきながら、またキリストにあるエン・クリストオの者でありながら、いまだに私は福音を浪花節的な人生劇場にしていたのです。

現に今も、まゆみ様の信友の姉がまさに過酷《かこく》な信仰の試練《しれん》の只中にあるのです。末期ガンの状態であるというのに、自ら新薬開発の治験者《ちけんしゃ》になることを望んでおられるということに、只々私は頭が下がります。私は自分の信仰の軽率《けいそつ》と福音に聞く未熟さを深く恥じます。と共に、己の愚《おろ》かな心を打ち砕いて悔い改めました。私の好きな詩を姉に贈りたく思います。

青いお空の底深く　海の小石のそのように
　夜が来るまで沈んでる　昼のお星は目に見えぬ
　　見えぬけれどもあるんだよ　見えぬものでもあるんだよ
散ってすがれたたんぽぽの　かわらのすきにだアまって
　春がくるまでかくれてる　つよいその根は目に見えぬ
　　見えぬけれどもあるんだよ　見えぬものでもあるんだよ
『星とたんぽぽ』　金子みすゞ」

この手紙の返事はすぐにメッセージになって返ってきた。

死生命有り

思うところがあって獄中書簡を見直していたら、「死生命あり」（獄中書簡№44）という言葉が目に付いた。「命」は、「めい」と読む。「いのち」と読むこともできるが、その場合は意味不明の言葉となる。出典は論語《ろんご》（孔子と彼の高弟の言行を孔子の死後、弟子たちが記録した書物。儒教における「四書」のひとつ。）で、「死生命有り」の後、「富貴《ふうき》天に在り」と続いている。下線部分を合わせると「天命」となる。その意味するところは、次の通りである。死生や富貴などは天が決めることであり、人がどう足掻《あが》いてみても、また天を恨《うら》み嘆《なげ》き悲しんだとしても何の益もない。それより、自分の身を慎《つつし》み、己が業に励むことが肝心《かんじん》である。そうすれば自《おの》ずと道も開けるというものだ。

勿論、天命ということは知っていた。が、これが論語からこのような文脈で出ているとは思いもしなかった。元々中国には「天命」という考えが古くからあったようで、孔子も「五十にして天命を知る」（論語）と言っている。そのことは私も知っていた。がしかし、天命をこのような意味で使っていたとは知らなかった。それにしても、「小学校すらまともに卒業していない」（獄中書簡№49）というYさんが、このような言葉を知っていて、しかも的確に使いこなしているのは全くもって驚きである。

「安楽な死を望まず」

妻の死は、私たち家族だけではなく、多くの友人知人に大きなショックを与えた。中でも獄中にあって、妻を「信仰の姉」と慕い、必死に祈りを捧げてくれた彼には大きな悲しみと無念の思いを与えずにはおかなかった。

死生命有りといえども、命そのものの価値に違いがあるわけではないと思う。しかし実際には、彼の言うとおり、特定の人を対象に「神にとっては（より）高価で尊い」と言いたくなることがある。命に値段を付けるわけではないが、人の値打ちはその人が如何に生きたかということを基準に計られる。その意味では、人を殺めるということは、その道を完全に閉ざすことである。従って、被害者側の人間にとっては、殺した人がその後如何なる運命を辿ろうとも、もはや何の関わりもない。だから、ただ罪の報い（罰）を受けること、すなわち最大の苦しみである死刑を望むのは無理もないところである。

私自身、どこかで「死刑止む無し」と思っていた。が、Yさんの実例を目の前に見せられ、思い直すことが多くあった。

「小学校すらまともに卒業していない」Yさんが獄中から書き寄越した手紙の束がここにある。大卒者も遠く及ばない、しっかりした文章の構成力、語彙力、何より難しい漢字を使いこなし、便箋七枚にびっしり書かれた内容豊富な手紙を四九通も書けるということは、ほとんど奇跡である。その上に、聖書知識の豊富さ、論語を引用したかと思えば、みすゞの詩を、信仰の姉に贈る思いやりもある。彼が生涯の大半を過ごした刑務所生活が育んだ聖霊の実の結晶を前にして、命の価値を決定するのは、生き残った者、また遺された者が如何に生きるかにも掛かっていると私は思う。

（上田勇　二〇一三・三・一三／一四〇〇号）

一年無事故バッチ

反則事故からもうすぐ二回目の正月が来ようとしている。元旦の信仰日誌に、今年の祈りとして、詩篇四十篇一節から三節までと、まゆみ様と友人が戦うガンが二人の身体から主によって取り去られることと、信仰の友との出会いを記した。信仰の友については枚方の牧師夫人が与えられたが、これは友と呼ぶには無理がある。彼女はまゆみ様の友人であると共に、同じ末期ガンでありながら、自ら治験者を希望された方である。

この一年は、福音の日々の一年であった。が、その反面、キリストにある者でありながら、肉の感情を制することが出来ずに、他者に怒りを抱いて裁くこともあった。が、その時々に、聖霊に導かれて平安な解決が与えられてきた。

「自分に関係のない争いに干渉する者は、通りすがりの犬の耳をつかむ者のようだ。」（箴言二六・17）

あっ、そうそう、俺は今年の四月、一年無事故バッチを付けたのや。一年間、閉居罰はもとより、指導票（イエローカード）のキップも切られなかったことに対する官からの優良の評価や。無論これは、工場の若い正担当の広い度量と情けに寄っていただいた評価だと思う。俺たちにとって、工場正担当の存在は、現実の生活の中で、決して小さくはない。が、キリストの十字架を信じる者として言うなら、主と聖霊に守られ導かれて得たバッチであって、感謝の外はない。

話は変わるが、牧師から、自作の柿の絵のカラーコピーが送られてきた。俺は絵とは無縁で書いたことはない。そんな俺が人様の絵を評価するのはおこがましいが、差し入れられた絵はすばらしく見事なものだった。二つの柿が寄り添うようにしていて、先生とまゆみ様の魂と魂が寄り添う生きた夫婦柿の様に見えた。

俺が絵を嫌いになったのは苦い思い出があるからや。親父の元に引き取られた小学五年ぐらいの頃だったと思う。学校の裏を流れる川土手で風景画を描く授業があった。川土手からは、中学校と高等学校が見え、その方向には田園風景がひろがっていて、そこを書きなさいと言う先生の指示だったと思うのだが、俺は何故か、画用紙いっぱいに、大きなカエルを描いたのや。たぶん画用紙の全面が田んぼで、その中に一匹のカエル、というのが俺の目に見えた風景だったのだろう。ところが先生はそれをカエルだと判別してくれず、「あの風景にこの様な山はありません」と言うのや。

「先生、これは山とちがう。カエルです。」と俺がいくら説明しても、先生は笑うばかりで信用してくれなかった。俺は意地になって、クラスの女の子に「これはカエルやッ。」と同意を求めたが、その途端、吹き出して大笑いされたのは大ショックやった。えっ、何でそんなにショックだったのかだって？それは、その女の子に恋をしていたからや。ハハハ。

過去は死なない

毎年のことだが、冬が来ると憂鬱になる。と言うより、記憶の彼方から、殺人者と言う動かすことの出来ない過去がよみがえって来て、どんよりした灰色の雲となって頭上に広がり、停滞するのや。

あれは一月中旬のことだった。数日前に、組の法度の矛盾に激しく抗議して意見が対立した兄貴分が酒乱の勢いで俺の内妻（当時二〇歳）を拉致して、自分が管理する置屋（売春屋）に連れ去ったというＴＥＬが事務所の俺の元に来たのが午後十時頃だった。俺はその時、法度を破った科で謹慎処分として事務所に居たのだが、日頃の兄貴分の横暴と女グセの悪さと酒乱をしっているだけに、辛抱堪らず、ＴＥＬを受けた俺は、日本刀を片手に闇雲に飛び出して、置屋を襲撃したのや。

しかし、既に兄貴分は逃走して、置屋はもぬけの殻だった。で、そこに居た内妻を連れての逃避行が始まったのや。その後の犯行に至る経緯は既に話したと思うので省略する。あの年の二月二三日、この日に俺の時間が止まった。決して消し去ることの出来ない永遠の悔恨がそこには在る。この過去が、結果的に今の福音信仰をもたらせ、被害者の方の魂が主の光の中で安らかであることを祈る日々にあるのだから、思えば不思議な巡りあわせやナア。

少年無期囚にあるのは現在と言う時間だけ。なぜかと言えば、過去は決して死なず、未来にも生きる希望はないからや。過去は毎日生き返り、俺の前に現れる。その毎日を一生繰り返すのが少年無期囚の定めである。特に俺のように仮釈放が取り消された無期囚にとっては、死ぬまで塀の中に居ることが運命付けられているのだから、未来は無いのと同じである。それでも俺は、被害者の命日を前にして、この不毛の戦いを毎年繰り返してきた。

人と人の戦いは、マジで不毛であり空疎である。俺の人生はいつもその争いにあって暴力的であった。が、今の俺は違う。今生きているのは俺ではなく、キリストだからや。そう思うと、勇気が湧いてくる。

先日、同囚の一人が、「キリスト教に入信したら、人間が変わりますか。」と唐突に聞いてきた。時たまそんな質問を受けるが、その時は、正月に給食されるお菓子などの話題から突然のことだったので、笑ってしまった。で、一瞬返答に詰まった後で、「いや、人間（の性格）

は変わらんと思う」と答えた。そして、俺が今現在、イエスをキリストと信じる信仰にある現実は神の奇蹟であることを説明し、自分の人生が百八十度回転した事実を話した。

話は変わるが、上田牧師から、自作のまゆみ様の似顔絵のカラーコピーが送られてきた。丁度、それをお願いしようかと思っていた所で、有難かった。その顔を拝見していたら、何故か、しらずしらずと涙があふれて、流れだした。ある外国の哲学者だったと思うが、「泣く顔はいつも仮面である」のだそうだが、キリストにある者が流す涙は仮面じゃない。まゆみ様のご尊顔を俺は脳裏にしっかりと焼き付けた。これで、天に召された時に天の御国に行く道に迷わず、まゆみ様の背にひかれて行くことができるから安心や。

ま、これは大のオッさんの幼稚な話しやけど、一一月下旬の夜、不思議な夢を見た。だだっ広い荒野の只中にぽつんと立つ俺の前に突如和服姿の女性が馬に乗って出現したのや。多分あれはまゆみ様ではなかったかと思うのだが……。

あっ、それはそうと、当所のクリスマスの行事に参加して舞台の上で歌う聖歌隊の賛美歌を目を閉じて聞きながら、「主よ、まゆみさんのアメイジング・グレイスを聴きたかったです。」と心でつぶやいていたら、突如、聖歌隊の女性指導者が、ソロで、アメイジング・グレイスを歌い出したではないか。俺はビックリ仰天して、舞い上がって、たった一人、大きな拍手をして、職員に鋭くにらまれてしまった。が、最高に嬉しいクリスマス・プレゼントを戴いた思いがして、胸が熱くなった。

悪夢再び

六月初めに、「独白・何故ですか神様」というメッセージを受け取った。俺は、まゆみ様のとき同様に、只々呆然とするしかなかった。何故なら、先生の八歳の孫娘のみちるさんが幼児脳幹グリオーマという難病で、余命一年の宣告を受けたという内容だったからや。

「ああ、私には何の力もない。私の信仰は無力だ。」といった先生のことばに、上田家の悲痛な思いを察するに余りがあった。先生の無力感と悲壮感、苦悩にもがく慟哭の叫びが、数日俺の脳裏から離れず、ペンを取ったものの、記すべき言葉が見つからなかった。が、意を決してペンを取り直して、思い切って書いた。

「～みちるさんは神に祝福されて上田家に、先生とまゆみ様の孫として生まれてきた子どもです。―生意気な物言いになりますが―であれば、先生はキリストの教会牧師として、粛々と自分の聖職を押し進め、彼女の現実を直視して、神と向き合い、対峙《たいじ》すべきです。と同時に、『人事を尽くして天命を待つ』ということばがあるように、みちるさんの病の回復のために、先生は、祖父としてなりふり構わず全力でブチ当たって行くべきです。確かに先生には力がないかもしれません。が、先生には『キリストの教会』という教会のつながりが、全国に存在するのではないでしょうか。全国（国外も含め）に発信して、祈りの嘆願《たんがん》をするべきです。……みちるさんは八歳という幼い少女です。彼女には当然キリストの十字架の福音も、永遠の命の霊的観念も分からないのです。……困難が如何に暗く見えようとも、自分の目をその問題に止めず、エン・クリストオの者として、キリストの愛を思うのです。内在の主に信頼し、聖霊の吹く風に従って行くだけです。これは先生の教えです。どうか、『私の信仰は無力だ。』と心を沈めないでください。元気を出してみちるさんのために最善を尽くしてあげてください～」

私の神、主よ。

獄舎にあって、死んだ犬のような私を顧みてくれて
温かく迎え入れてくださった上田先生に、
またまた災いを下して
今度は先生の孫娘を厳しい試練の嵐の中に、
一人で立たせるのですか
余りにも、これは、理不尽な仕打ちです。

先生、しっかりしてください

六月一八日、「独白・私に出来ること」を落手して読んだ。祖父として、可愛い孫娘に対する先生の切々たる思いと慟哭《どうこく》に満ちた独白が心に響いて、かけることばを失い落涙するばかり。が、「私はほとんど祈れずにいる。」ということばに、一言いわずには居れなくなって、また物申してしまった。

「～まゆみ様が確か東日本大震災から一年が過ぎた節目に作詞された『挫けないで』の中に、『きみがなくから、ぼくもなく』という歌詞があったと記憶しますが……先生の多くの信仰の友が結集して祈りの輪が全国に広がっているそうですが、先生は『ほとんど祈れずにいる。』と傍観者的立場に位置するのですか……エン・クリストオの者の精神は、そんなにも軟弱なのだろうか。先生！　しっかりしてください。祖父の立場で、みちるさんにしてあげることは沢山あると思います。しかし、牧師として成すべきことは、祈りではないでしょうか。……厳しいことばになりますが、人間の生と死は神の領域です。神の領域に私たち人間は立ち入れません。だから、いつでも祈り祈るべきです。」

テモテがパウロに何か意見したというようなことは聞いたこともない。が、そのような失礼な手紙を書いたにも関わらず、先生は、言い訳はせず、ただご自分に出来ることを着々と実行しておられた。その一つが、みちるさんのために聖書を分かりやすく翻訳することだった。みちるさんと相談して、ガラテヤ書から始めると聞いてビックリしてしまった。

八歳の子どもにパウロの福音は理解できないだろうという俺の考えは間違っているかもし

れない。が、何もガラテヤ書から始めることはないだろう。この俺だって、「我生きるにあらず、キリスト我が内に在って生きるなり」をやっとの思いで理解できたのだから、もっと易しいところから始めれば良いのにと思ったものだ。先生、しっかりして！

みちるさんからの手紙

七月三日、先生が翻訳されたガラテヤ書と、みちるさんからの手紙が届いた。正直に言うと、子どもからの手紙は初めての経験で、嬉しい反面、戸惑い、困惑した。何故かというと、子どもに接することは大の苦手だからや。

みちるさんの字は、小学校二年生にしては文章が確かで、宛名の住所と名前が完璧な楷書で、女子には珍しく大きな字でしっかり書かれていて、小二だとは信じられないぐらいや。名と実は相応ずるというが、人が書く字は、その人の精神状態を表すというが、上田みちるさんは、その観点で言うと、冷静で沈着と見える。一字一字の文字は美しく一点の乱れもない。穏やかで長閑な人であり、静かでのんびりしてて弱々しいけれど、芯は剛健、そんな人にちがいない。
英語に音楽、アルファベットが読めてギリシャ語にも興味がある小学生は、そうはいない。俺はうかつだった。みちるさんは先生のお孫さんであると同時にまゆみ様の孫娘でお二人の園を卒園したサムライの一人だということを忘れていた。

駄目だ、もうこれ以上は続けられない。俺は泣く子は大の苦手で、病気の子も同様や。無論、子どもが嫌いというのではなくて、ただ、遠い過去の自分の姿が何故かそこに重なって訳の分からない涙がやたらに流れて来るのや。それで、みちるさんに返事を書くのが道理だが、どうしても出来ないと勘弁してもらった。みちるさん、ごめんなさいネ。

みちるさんへの手紙

どうしても書けなかったみちるさんへの手紙を、ついに書くことが出来た。これも、聖霊様の後押しがなければ、とても出来なかったと主に感謝した。幾つかの出来事が、俺の頑固な心を溶かしてくれたように思う。

一つは、ある牧師夫人の手紙のコピーを上田牧師から戴いて読んだことや。その手紙を拝読した俺は、心が震えて感動した。何故なら、そこにはみちるさんの幼い魂を思う牧師夫人の気遣いとやさしい愛が満ちあふれていたからや。

実は俺も、何度も手紙を書こうとしたが、ペンが重たくて、前に進めることが出来なかった。なのに、不思議なことが起きた。この手紙のコピーが届いた翌日に明石の牧師さんから、みちるさんに手紙を書くことを託されたのや。それで、背中を押される形で重いペンを取った。が、幼い子どもに宛てる手紙は難しく、増してや、恩師の孫娘とあってはなおさらだった。それでも何とか書き上げて、三月三日(月)に特別発信の願書にその手紙を添えて提出した。が、俺の中では、小学生の知人宛てなので、おそらく、いや絶対に特発は許可されないだろうというあきらめがあった。が、それが許可されて発信され、先生の手元に届いたという返信にビックリした。と共に、俺の獄中書簡を幼い信仰の友であるみちるさんが読んでくださったことに、心から感謝した。

あ、そうそう、なぜみちるさんを信仰の友と呼ぶかというと、上田牧師の私訳を共に学ぶようになったからや。俺にとって、上田牧師がはじめられた「小学生にも分かる聖書シリーズ」は、単に子ども用ではなく、自分のためにも十分に役立っていて、同じ牧師に学ぶ、「信仰の友」と呼ぶにふさわしい関係にあるからや。

牧師が私訳を思い立たれたのは、パウロ書簡は手紙である以上、誰が読んでも分かるような文章で書かれているはずだから、そのつもりで翻訳すれば子どもでもわかる聖書になるにちがいないという発想からだという。

牧師の言われるには、「手紙で、神学や哲学を論じることはあり得ない。なぜなら、読者は、一般庶民であり、解放奴隷や商人や農民や漁師などであった。学者がいたとしても、ほんの一握りであったに違いない。そのような読者に難しい思想や神学論議を語ることはなかったはずであると言われる。全くその通りだと思う。実際、出来上がって来たガラテヤ書もピリピ書も、実に分かりやすく、しかも福音の真理を深く理解するために大いに役立っている。

「八歳の子どもが、パウロの福音を理解できるはずがない」と言った自分が恥ずかしくなった。みちるさんは、牧師が訳した言葉をいちいち理解して、初めの内は、自分で読んで、意味が分かると、「これで良い」と頷いてくれたという。さすがは、まゆみ先生に育てられただけのことはあると感心した。

子どものためのローマ書

難病と闘うみちるさんは、最近は眠っている時間が多くなったというので、脳幹《のうかん》グリオーマが進行しているのではないかと心配している。

手紙と共に、子どものための聖書シリーズで、ローマ書が完成して送られてきた。ローマ書と言えば、パウロ書簡のハイライトであり、最重要書簡として位置づけられている。何故なら、そこには、パウロの福音の神髄《しんずい》が書かれていると目されているからや。パウロの神学が哲学的な視点から論じられているために、最難解な書物であって、大抵の人は初めから理解不能としてあきらめ半分で読んでいる本や。そのローマ書を、先生は、「これは手紙だ。ローマのクリスチャンたちは決して特別の人たちではなく、ごく一般の庶民だった。解放奴隷もいれば、逃亡奴隷もいたし、商人や寄留者、農民や漁師もいただろう。そのような学問のない人たち相手の手紙で、哲学や神学を論じたはずはない。文字を読める人なら誰にでも分かるような文章で書いたはずだ。そのような視点で、翻訳したら、八歳の子どもでも分かるのではないだろうか。今の子どもたちは、十分に文字が読めるし、書けるのだから」と言われるのや。先生は正しいと俺も思うのや。

差し入れられたローマ書に目を通していたら、あることに気が付いた。それは、「信仰」が、ほとんどの場合、「信頼」に置き換えられていたことや。これを見て、先生のこのシリーズに対する心意気のようなものを感じたが、これは俺だけのうがった見方だろうか。

信仰が有るか無いか、といったことばを目にし、耳にして、俺はそのことばのひびきに酔い、同調して「俺には信仰が有る」と調子こいていた時期があった。が、それは実に漠然《ばくぜん》とした曖昧《あいまい》なものだった。先生と出会った頃、ヘブル書一一章の「信仰によって」を、信頼に置きかえてみることをさとしていただいたことがあった。で、俺は、信頼の二文字から、信仰の本質を洞察《どうさつ》する術《すべ》を得たのや。

正直言って、信頼のことばは、俺には異質だった。というのは、知っての通り、俺は幼い頃から児童施設で育てられてきたので、親と子の信頼関係はもとより、人の情や友情や愛などは信じず、頑迷に拒み否定してきたからや。だから、信頼の構築の基盤が不確かで、定着に時間がかかったのや。今の俺にとって、ガラテヤ書二章16節から21節は福音信仰の基本や。そして、その基本から、ただ信じる信仰（信頼）、ローマ書三章10節から25節に行き着いたのや。

霊のバプテスマによって、俺の生き方や考え方そのものが一八〇度転換した。御子イエス・キリストは俺の身代わりとなって十字架に死んでくださった。そして復活し、俺に現れ、俺を根底から造り変えてくださったのや。それを成し遂げてくださったのは俺の信仰ではなく、俺の信頼に応えてくださった神であり、キリストであり、聖霊様なのや。

話がそれてしまったが、小さな幼い魂が難病と闘う姿と、その場を見守る先生たちと、ご両親の懸命な看護に示された愛は、周囲の人々の心を打ち、勇気と、生きる使命の大義を投影して深い感動を与えているに違いない。そして、慈善団体の人たちや医療スタッフに支えられているという報告に、「わたしの兄弟であるこれらの最も小さい者のひとりにしたのは、すなわち、わたしにしたのである」（マタイ二五・40）という聖句を思い出した。

塀の中の祈り

みちる通信（俺が勝手に命名した）によると、脳幹グリオーマは九歳の少女から身体機能をひとつひとつ奪い、病を悪化、進行、加速させているようだ。が、俺はなす術もなく、祈りの焦燥感《しょうそうかん》に心は張り裂けそうや。しかし、こう言った思いは所詮第三者の傍観者的立場にいる者の同情にすぎず、何のなぐさめにもならない。

ご両親と先生たち祖父母の方の心情は、計り知れない哀しみにあって、その苦悩は察するに余りがある。それでも祈る。日々主に膝を突き合わせて祈る。俺の同囚の中にも、共に祈ってくれている求道者（四十代の元ヤクザ）が居る。現実として、クリスチャンの人も、そうでない人も、心を一つにして祈り波紋は大きく広がっている。世界の沢山の人たちが、みちるさんの過酷な難病との戦いに心を痛め、その推移と所作に注目し見守っているのや。

イースター・エッグに、みちるさんが喜ばれたということだが、どんな食べ物なのだろうか。想像がつかない。子どもというのは俺もそうだったが、一様にタマゴ焼きが好きだよネエ。でも、みちるさんは、キビナゴと豚の生姜焼きが好物というのにはビックリしたネエ。

突然笑い話になるが、まあ、聞いてくれ。俺の時代にはまだ学校給食がなくて弁当持参だった。ある日、同級生の女の子にもらったタマゴ焼きの一切れを、俺はうっかり空弁当の中に置き忘れて家に帰ったのや。当然それを義母に発見され、厳しくその物証を目の前に突き付けられて追求されたが、黙秘権を行使して、頑強に口を割らなかった。根負けした義母は追及をあきらめ、その件は父には内密にし、そんなにタマゴ焼きが食べたいのであれば、ニワトリを飼うことを提案して、さっそく、父がニワトリ小屋を作った。そして、養鶏場《ようけいじょう》で四、五羽のヒヨッ子を無料でもらってきたのや。

勿論、エサやりは俺の役割で、それはもう大変というか、面倒くさかったネヤ。ところが俺は、ヒヨッ子の成長を待たずに、施設に舞い戻ってしまった。今思うと、あのヒナたちは雄鳥だったと思うナア。だって、普通に考えて、雄鳥を無料でくれると思うかい？

「親思う心にまさる親心」というが、あの頃の親の心が、この年齢になって分かるのや。これも主との出会いがあったからこそやナ。主との出会いに感謝。あ、あの女の子は俺の初恋の相手だった。今も地元に居てるかナア。

訃報

「みちるは、今、自分の意志では何一つ動かすことはできません。ただ息をしているだけです」と先生からの知らせがあったので、心配していたら、「六月一日の午後六時四六分に天に召された」というハガキの訃報が届いた。実は、受け取った時、胸騒ぎのようなものがあって、まゆみ様の時もハガキだったので、一瞬ドキッとした。裏を返して見るのが怖かった。

ご両親とご両家の人たちの深い喪失感に打ちひしがれた心中を思うと、俺のような者にはなぐさめのことばも出てこない。

これは、みちるさんへの追悼文。

みちるさん。私はあなたとともに、あなたのおじい様である上田先生の私訳、聖書子どもシリーズ（ピリピ書、ガラテヤ祖、ローマ書）を学んだ兄弟です。

だから、あなたがこの地上に生きた三三四七日の生涯を偲うと、あまりにも短かすぎて、哀しいです。

しかし、みちるさん。あなたは私にとって、神に選ばれて天に召された天使な存在です。ですから、これからも、ず～っと、あなたの存在は私の中に生き続けて行くのです。

みちるさん。あなたに出会ってからの一年の間、あなたは、悪に生きて来た無期囚の私の心を捕えて、一日たりとも離さず揺り動かして、人の生命《いのち》の尊さを思い考えて、内省する霊的洞察に導いてくださったのです。

そして、利発で可憐なあなたは、全国の人々の心と、国外に住む人々の心を一つにして祈りの輪を連結させたのです。

みちるさん。あなたが抱えた難病は狡猾で無慈悲でした。が、しかし、その難病に屈せず、果敢に戦うあなたと、ご家族の姿は、多くの人の心を打ち、その人々の心に、全能の神にいのちの息を吹き込まれた人間の、その生命《いのち》を生きる使命感を深く刻み、かつ、愛と勇気と希望を与えたのです。

小児脳幹グリオーマは確かにみちるさんの生命を奪いました。だけれど、キリストにあるみちるさんの魂はうばうことができなかったのです。ハレルヤ、ハレルヤ、ハレルヤ！

みちるさん。私はあなたと約束しました。悪に生き、醜く汚れた心の病を、かならず完治させて、あなたに会いに行きますと。この約束は不変です。無論、この地上で会うことは叶わなくなりましたが、かならず私はキリストにあるエン・クリストオの精神（信仰）を死守して、天の御国で、あなたと、まゆみおばあ様に会います。待っていてください。

勿論、その時がいつになるか、私には分かりません。が、この生命のあるかぎり、残された福音人生を生きて行きます。たとえ、どの様な試練や病魔に冒されたとしても、あきらめず、その時が来るまで、自分に与えられた使命を問い続け、福音戦を戦って行きます。有りがとう。みちるさん。有りがとうございました。

二〇一四年六月七日記

少女《とも》の訃報届きし獄舎に梅雨の雨　降れ降れもっと降れ降れ雨よ

みちるさんは、自分の未来にどんな夢を思い描いていたのかな。女の子だから看護の夢を見ていたかな。きっと、今頃は天に凱旋《がいせん》して、天の軍勢に加えられているのはないだろうか。というのは、この地上には、みちるさんと同じ状況の中で、難病と戦い、苦しんでいる子どもとその家族が沢山居てるので、天の軍勢と共にみちるさんの活躍が求められているのではないだろうか。これは俺の想像というか妄想かもしれない。が、そうあって欲しいと強く思うのや。

【前夜式式辞】

「みっちゃんの九年間」

みっちゃんは、二〇〇五年四月三日に生まれました。そして、今年六月一日に天国に行きました。どちらも日曜日でした。私の計算では四七八週（三三四七日）の生涯でした。

みっちゃんは、園ではとても活発でした。何ごともゆっくりでしたが、確実で、よく考えて行動していました。でも、とても悔しがりでした。それで、すぐ泣きました。が、泣きやむのは早く、後を引くことはありませんでした。人当たりは優しく、ケンカはほとんどしませんでした。みっちゃんは、私どもの園で五年間過ごしました。実り多い園生活だったと思います。逆上がりも跳び箱も得意でした。音楽も絵も工作も好きでした。語学も特に英語には妻が力を入れていました。

みっちゃんは、学校が大好きでした。毎日にこにこしながら学校に通いました。でも大きなカバンを背負って歩く背中を見ると、まるでランドセルが歩いているように見えました。

二年生の一学期、春の運動会のとき、走り方がおかしかったことで病気が発見され、脳幹グリオーマという耳慣れない病名を聞いた時、耳を疑いました。病院は大学附属病院になり、治療の合間に病院内の分校に通うことになりました。ここでもみっちゃんの学校好きは変わりませんでした。その夏は二五回、五週間の放射線治療は厳しいものでした。ＭＲＩの検査も大変でした。音がうるさいし、大きな部屋で大きな機械に一人で入る恐怖は大変なものだったようです。それでも分校の勉強は休みませんでした。

これは後で分校の先生に聞いた話です。ようやくＭＲＩの恐怖を克服したみっちゃんに「偉かったね。父さんも母さんも経験したことがないのに。」と言ったら、「お父さんたちは経験しない方がいいの。だって、ＭＲＩは病気になったから入るので、父さんたちは病気になったらいかんから」と、みっちゃんが言ったと言うのです。どちらが親か分かりませんね。子どもながらみっちゃんは何が一番大事なのか分かっていたのだと思います。

ピリピ書にこう書いてあります。私訳でお聞きください。

「わたしは祈ります。あなたがたが愛において深い知恵と敏感な心が、もっともっと豊かになることを。そして、あなたがたが、何が一番大事なことであるかを知って、キリストさまの日に対して、汚れのない、そして、責められることのない者となり、イエス・キリストさまによって、正義の実をたくさん実らせ、神さまの光り輝きとその大きさを現すことができますようにと。」（ピリピ一・9～11）

この一年間、ずっと考え続けてきたことがあります。それは、人は何のために生まれて来て、何をして生きるのかということです。みっちゃんが住んでいたのは後免町商店街です。通りには、アンパンマンやバイキンマンなどの像が立っていますが、みっちゃんの家の近くにはドキンちゃんの像があります。やなせたかしさんは、そこで少年時代を過ごし、九〇年以上生きました。が、みっちゃんはその十分の一しか生きることができませんでした。若くして死んだ人を、人は薄幸の少女等と言いますが、私はそうは思いません。優しい両親に恵まれて、学校の先生方や友達にも愛されて、笑顔を振りまいて生きてきました。みっちゃんは私たちに笑顔を届けるために生まれてきたと思うのです。みっちゃん、有難う。

【告別式式辞】

「もし天国がなかったら」

昨夜は短かったみっちゃんの生涯をたどりましたが、今日は、手紙という一点に絞って話を進めます。入院中に沢山の手紙が寄せられました。遠くはアメリカから、日本中から手紙がきました。私が、手紙をくださいとお願いしたからです。その全部を披露することも出来ませんし、かと言って、一部の人だけでは不公平になります。そこで、みっちゃんが出したある手紙とそれへの返事について話をしようと思います。

みっちゃんからの手紙は短く簡単なものでした。祈りのお礼と近況を知らせるものでした。その中に「もうＭＲＩにもなれました」という文面がありました。その手紙をもらった人は、みっちゃんの手紙に驚いて、私宛に次のように書いて来ました。

「みちるさんは、小学二年生ですが、信じられません。信じられない一つは手紙の文章の確かさです。一つは封筒の住所と私の名前が完璧《かんぺき》な楷書でそれも小学生というか、女子にはめずらしく大きな字で書かれているということです。名と実は相応《あいおう》ずるといいますが、人が書く字は、その人の精神状態を表すと言いますが、その観点で言いますとみちるさんは、冷静で沈着です。一字一字の文字は美しく、一点の乱れもありません。まさしく穏やかで、彼女は長閑《のどか》な人です。のどかな人は外見には静かでのんびりとして弱々しいけれど、芯は豪健《ごうけん》です～」。

実はこの方は今服役中で、しかも無期懲役です。年は六〇歳を優に超えています。無期ですから罪は重く、殺人罪です。犯行当時は一七歳でしたから、あれからのほとんどの年月を刑務所で暮らしている元ヤクザのおんちゃんです。二人がこのような手紙のやり取りをするようになったのは、やはり手紙でした。

ここに一通の手紙があります。書き出しはこうでした。

「前略、突然にこの様な手紙を差し出す失礼を、まず始めにお詫び申し上げます。私は現在、某刑務所に在所服役中の〇〇〇夫というものですが……」。

便箋七枚にびっしりと几帳面に書かれた文面によると、彼は少年無期囚で、獄中で聖書を読んでいましたが、行き詰って、祈った結果、「の」がついている珍しい教会という単純な理由で私共の教会に援助を求めてきたのでした。一読して、これは命がけで書いた手紙であることが分かったので、私も命がけで返事を出しました。それから文通が今日まで続き、現在では六六通にもなっています。でも、罪は消えません。が、彼は罪が許され救われ、御国に行けることを確信しています。なぜなら、イエス・キリストと共にはりつけにされた泥棒も、キリストへの信頼のゆえに、洗礼を受けてもいないのに「あなたはきょう、私と共にパラダイスにいるであろう」と言ってもらえたからです。

イエスは「幼な子のようにならなければ、神の国にはいることはできない」と言われました。私たち大人はもう子どもにはなれません。だから、一日生きればそれだけ罪を犯し、天国から遠くなるのです。いくら一日一善をやっても、その数倍は悪を行ってしまいます。一日一善ではとても追いつかないのです。その人間の罪を全部引き受けてその身代りとなってくださったのです。だから、泥棒でも、人殺しをしても、罪を悔い改め、キリストに信頼して生きるなら、罪が許されて天国に行けるのです。

でも、もし天国がなかったら、誰も天国には行けません。どんなに素晴らしい生き方をした人も、人を殺したが今は回心している人も、悪いことばかりして悔いてもいない人と同じように天国に行けないのです。

もし天国がなかったら、イエスさまと一緒に十字架に付けられたあの泥棒も、またイエス様でさえ天国には行けないのです。勿論みっちゃんも行けません。そんなのいやです。

もし天国がなかったら、この世は本当の闇です。なぜなら、パウロのしたこと、宣べ伝えた福音も、すべてが無駄だったことになるからです。

もし天国や極楽がなかったとするなら、すべての宗教は無駄です。キリスト教も仏教もイスラム教も無駄です。なぜなら、誰も救われることができず、御国にも行けないからです。

もし天国がなかったら、いくら私たちが幼な子のようになって、「素直で。きれいな心を持つ神さまの子ども」になって、「この悪く、曲がった世の中に」にいて、「しみも傷もない神さまの子ども」になれたとしても、すべては無駄になってしまいます。そんなのいやです。

問題は天国に行けるかどうかではありません。天国があるかどうかが問題なのです。有って初めてそこに行く可能性が開けるのです。みっちゃんは、その三三四七日の生涯を通して、わたしにそのことを教えるためにこの世に遣わされてきたと思うのです。そのこととは、「天国はある」ということです。もし天国がないのであれば、何のために生まれてきたのか、何をして生きるのかという問いの答えはありません。そんなのいやです。

前夜式式辞といい、告別式式辞といい、上田牧師らしく型破りだが、その通りと、俺は頷いた。そして、涙無しではとても読めなかった。

チビちゃん大丈夫かなァ〜

先生が「感傷の旅」と銘打って旅立ったという知らせが入った時、「先生、早まったり」と呆然とした。何で、哀しみの中にある息子夫婦を離れて自分の旅に出るのか。主にある男前の先生にしては時期を誤ったと思ったのや。で、どこに行ったのかというと、何と、与論島だという。顛末は「与論島再訪」というメッセージに詳しく書いてあるから、興味があれば、そちらを御覧じろ。

心配していたら、絵葉書が来て一安心した。旅行らしい旅行をしたことがない俺だから、先生から戴く絵葉書は実に有難い。自分もそこに居るような気がして、あたかも自分が旅行している気分がするのや。ま、そんなこんなの日常ではあるが、みちるさんを失った喪失感は如何ともし難く、悶々として、この世の理不尽を主に訴え、どくれにどくれる日々が続いている。が、俺はもう以前の自分とは違う自分に生まれ変わったのやから、うだうだしていたら、みちるさんに笑われる。だから、エン・クリストオの男として、しっかりしなければと思う。

先生の御三男夫妻に第四子が生まれたという。まずはお目出度い。久し振りの明るいニュースだ。先生も、お嫁さんの手伝いを張り切ってやっておられるらしい。何しろ、先生は奥様と孫娘の夕食をずっと自分で作っておられた方で、料理は得意だというから、おかしな牧師だ。

そうそう、最近こんなことがあった。幼い子どものいのちのことで、あれやこれやと求道者と議論する中で、突然に彼が

「チビちゃん（みちるさんのこと）大丈夫かなァ〜」

というので、俺はそのことばの意味が理解できずに、

「何が？」

と話の先をうながすと、

「チビちゃんが天国への道に迷い、迷子になっているのではないでしょうか」と言うのや。

そこで俺は、

「まゆみ様がテーブルの下から現れて、みちるさんを連れて行った」という、みちるさんの従妹の目撃談を話してやったのや。

そうしたら、ゆうれいの存在を信じない彼が、珍しく大きく頷いて、反論しないのにはびっくりしたネエ。すかさず、

「確かあんたは、ゆうれい否定派だったよなァ」と俺が茶化すと、

「いや、幼い子どもの証言は刑事公判では立証されんが、その目撃は幼い子どもの証言だけにリアルで信憑性は高い」と断言するから驚いた。

ちなみに、俺はゆうれいの存在を肯定する派や。どうしてかと言うと、この目で何度も見たことがあるからや。が、誰も信じてくれないので、これ以上は深入りする気はない。

信仰の真の勇者

「敬虔なクリスチャン」と言う。これは信仰熱心なクリスチャンという意味であろうが、信

仰に熱心であることと、その人が立派な信仰の勇者であることとは、決してイコールではないと思う。熱心なクリスチャンでも、熱心さのあまり、自分を見失うこともあるし、災いが自分に降りかかると、クリスチャンにあるまじき言動に走ることもある。それでも、人はそのような人を敬虔なクリスチャンなのに、どうして、そのようなことをするのかと言う。それは信仰熱心であれば、何でもかんでも、〝敬虔〟の二文字を冠すればことが済むという安易な考え方が間違っていると俺は思う。

と言って、敬虔なと称賛される人の信仰の真価を俺は問うているのではない。何故なら、自分の身の上に災いが振りかかって、激しい烈火の如き感情に一度火が点くと容易には収まらないというのが人間の性《さが》（人が生まれながらに持っているもの。）のようにおもうからや。そしてその性に〝敬虔〟の二文字は酷で空虚で、似合わない。だから、クリスチャンの上にこの二文字をかぶせることの是非を問いたいのや。

唐突だが、八月一二日はまゆみ姉の命日だった。姉がこの地上にあって歩まれた、生きた信仰の日々の記憶は、今もこれからも、ず〜っと、人々は偲び語り継がれていることと思う。

俺はまゆみ姉と直接交わったことがないので、姉のことは先生の著書の中でしか知らないが、俺にとって姉は信仰の勇者であると同時に、今では女パウロ的な存在だ。というのは、みちるさんの件で、この一年の間、先生の著書である『死で終わらない人生』を繰り返して読み続け、日々常に心に携帯して歩んできたからや。

信仰の勇者という表現は、福音の戦場である日常生活で姉《あね》が勇ましく、猛々しかったというイメージではない。末期ガンの宣告から一年、その病状が悪化して行くとともに、身体の激痛と精神に対する攻撃は容赦なく姉を苦しめた。姉にとってガン（死）との戦いは予想をはるかに超えた苦戦で、敵に背中を向ける瀬戸際に立っていたと俺は思うのや。

ところが、姉は、信仰の牙城を明け渡さず、むしろ、自から自分の生命の延命を断ち、遺される者のために最後の底力を出して戦ったのや。「奇跡のウンチ」はその証しであり、その祈りの気魄《きはく》はすさまじく、俺は脱帽し敬意を表するのや。

これは私見だが、信仰の勇者とは、年数が長いとか、毎週欠かさずに礼拝に出席するとか等も大切ではあるが、うまく表現できないが、人生最後の臨終を前にしてとる信仰の所作で決まるのではないだろうか。

話が横道にそれるが、死刑囚は、事前に告知されないことからか、ほとんどの者が執行場所に連行されて行く際には、半狂乱になって泣き叫んで、連行を拒み、激しく暴れて抵抗するそうや。一分一秒でもこの世に未練を持ち、生に執着すると聞く。

イエスはピラトをして、「もう死んだのか」と驚愕《きょうがく》させたように、十字架の上で、自分の命の延命を断ち、激しく、凄《すさ》まじく、苦痛の中に、いのちを捨ててくださった。そして、壮絶な臨終を前にして十字架の上から、「父よ、彼らをお救いください。彼らは何をしているのか自分ではわからないのです」と、主は父なる神にとりなしをしてくださったのや。敬虔とは、この場面に全て凝縮されているのではなかろうか。

足を洗う

高倉健（1931~2014）は、俺たちのヒーローだった。ヤクザの道に熱い志を抱いた、多感であった俺たちは、例外なく彼を憧れた。『網走番外地』（一九六五）、『唐獅子牡丹』（一九六六）等の彼の歌う歌謡曲は、北島三郎の『兄弟仁義』（一九六五）に並んで俺たちの愛唱歌だった。

義理と人情を秤《はかり》にかけりゃ、義理が重たい俠《やくざ》の世界〜、に生きる高倉健が着流しで相手の所にのり込んで行く、ラストシーンの姿に俺たちは心酔したものや。がしかし、そういった義理に命を捨てるといったスクリーンの中の男の美学は時代の流れに押し流されて、徐々に受け入れられず、彼はヤクザの世界から「足を洗って」裏社会から表社会に自分の生きて活路を切り開いて行ったのや。

高倉健が『鉄道員《ぽっぽや》』等々の堅気に生きる主役を演じる姿は、任侠路線とはまた違った側面に男の魅力を感じさせてくれた。遺作は「あなたへ」。原作は読んだが、ＤＶＤはまだ見ていない。刑務所の元作業指導技官が主役の物語となったそうやナ。最後の最後まで俺たちとは何か因縁めいたものがあって、やはり彼は、実生活にも義理と人情に熱く、晩節《ばんせつ》を汚さず、俺たちのヒーローのまま、天に召されたのや。

〝ヤクザな稼業から足を洗う〟ということばの語源がいったい何処からきたのか皆目分からないが、ヤクザな生き方から足を洗うということは容易なことではない。何故なら、それだけヤクザな足は汚れ、血に濡れて、身も心も赤く染まっているからや。

一一月二三日のメッセージ「手も頭も」の中で、ヨハネ伝一三章3節から9節のことが少し語られている。この場面は、俺にはすごく興味があって、憧憬《どうけい》（あこがれること。）の場面なのや。

ペテロが……勿論これは、俺独自の解釈だが、「私の足だけでなく、手も頭もあらってください」と言ったのは、切実で、おれは共感を覚えた。主イエスに足を洗っていただくことによって、子弟の紐帯《ちゅうたい》（ひもと、おび。転じて、二つのものをかたく結びつけるもの。）が頑丈に結べるのであれば、手も足も頭もあらっていただければ、その結び付はより強靭《きょうじん》になるのではという、その滑稽《こっけい》（弁舌巧みに是非を言いくるめること。）なまでに切なる思いの裏で、ペテロは主を裏切るのや。（一三・37～38）

人間の罪は、とてつもなく深くて、完全で聖なる者とされるにはとても無理で、不可能だ。故に、汚れた足を主に洗っていただくことは、使徒たちにとって大きな霊的意義があったように思うのや。復活したキリスト・イエスに彼らは後に出会うから、そして、キリストの十字架の福音の伝道に命をかけて突き進んで行かなければならないからや。

ちなみに、極道の世界では、子分が親分の体に直接触れて、汚れた足や浴場で体を洗い流す役は栄誉なこととされているが、反対に、親分が子分の足や背中を洗い流すことは絶対にない。それは、親分という絶対君主的存在の沽券《こけん》（人の値うち。体面。品位。）に関わることだからや。

日本民族というのは、絶対的君主制というか、上下関係の礼節を重んじるが故に、上の者に対する絶対服従は、その是非の論議はさておいて言うのだが、ひとつの観念として固定されている。だから、イエスの弟子が足を洗うという場面に俺は愕然とし、驚愕したのや。

「生きてみん」

今年も、上田牧師の誕生日が近づいてきた。そこで、何かプレゼントをすることを思いつき、今流行のニット帽を贈ることにした。が、問題はどうやってそれを手に入れるかや。そこで、考えた末に、教会の会計の方は、大抵女性だろうから、その人に買ってもらうことにして教会宛に送金した。返事がないから、断られたかなと思っていたら、その会計さんから直接手紙が来たので、ビックリ仰天した。というのは、今まで一般のクリスチャンからの、しかもフルネームの実名入りの手紙は貰ったことがなかったからや。これが長年の念願だったので躍り上がった。

それで、ニット帽はどうなったか、だって？　勿論、ばっちり似合ってた。その姉妹のファッション感覚は抜群で、クリスマス・プレゼントとして、みんなの前でもらった牧師が、照れたようにかぶっている写真に、俺はマジでうれしかったネ。

ま、そんなことより、その姉妹の手紙にあった短歌が、これまた素晴らしいもので、俺の琴線に触れて、胸が高鳴った。

生きてみん　価値なき我を　我が子よと
呼びたまひし　主にすがりつつ

この姉妹に何があったか、俺は何も知らない。が、何があったとしても、俺もそうだったから、その気持ちはよくわかるのや。エン・クリストオの者はみな同じだ。強くそう思い、主に感謝を捧げた。

話題は全く変わるが、実は俺、上田牧師の元を去ろうかと、一度ならず考えたことがある。一度目は、一年を期にしたとき。二度目はいつだったか。兎に角、迷いの多い人間なので自分でも困っている。が、今度という今度は本気でそのことを考えた。何故かと言うと、俺が先生と出会ってから、まだ五年にもならないのに、立て続けに先生の敬愛するお内儀様と最愛の孫娘が、ガンを病んで、一年足らずで相次いで亡くなるという不幸が続いたからや。日本ではこんな時、何か憑き物が付いているから御払いをしなければとか言って、厄払いをする。

俺なんかは、世間的に言えば疫病神だから、ここは引くべき時ではないかと真剣に考え、聖霊様にお伺いを立てて祈った。そうしたら、強く引き留められ、自分の不心得を指摘されて思いとどまることが出来た。どうして、エン・クリストオの者が、そのような迷信もどきのことに左右されてよいだろうかと諭され、目が覚めた思いである。もう、俺は迷わないぜよッ。

後世への最大遺物

上田牧師から「後世への最大遺物」というメッセージが届いた。

後世への最大遺物

内村鑑三（1861~1930）に『後世への最大遺物』という名演説がある。箱根で行われていた夏季学校での講演を起こしたものである。

内村が言う「後世への最大遺物」とは、一口で言うなら、「勇ましく高尚なる生涯」だという。

それさえあれば、実業の世界で金を遺すことも、慈善活動で慈善事業を遺すことも、文学によって思想を遺すこともできる。しかし、その前提となる生涯がなければ、遺された事業も、慈善も、思想（文学）も、世の中の役には立たない。何を成すかは、その人の天分であるから、それはどうにもならない。人は自分の天分の中で、勇ましく高尚な生涯を送る外はない。何でもよいから、そのような道を見つけて深めて生きること、それが後世への最大遺物を生み出す秘訣であると彼は説いている。

文学について論じている箇所で面白い所を発見した。一つは、今時の若い人たちがよくやっているコピペを、昔の青年たちもやっていたらしいという箇所である。

丹羽という青年が、『基督教青年』という雑誌を出して、内村の所へも送ってきたが、「すぐそれを厠へ持っていって置いた」という。訳を聞くと、

「実につまらぬ雑誌であるからです。なにゆえにつまらないかというに、アノ雑誌のなかに名論卓説がないからつまらないというのではありません。アノ雑誌のつまらないわけは、青年が青年らしくないことを書くからです。青年が学者の真似をして、つまらない議論をアッチからも引き抜き、コッチからも引き抜いて、それを鋏刀《はさみ》と糊《のり》とでくッつけたような論文を

出すから読まないのです。もし青年が青年の心のままを書いてくれたならば、私はこれを大切にして年の終りになったら立派に表装して、ライブラリーの中のもっとも価値あるものとして遺しておきましょう。……私は名論卓説を聴きたいのではない。私の欲するところと社会の欲するところは、女よりは女のいうようなことを聴きたい、男よりは男のいうようなことを聴きたい、青年よりは青年の思っているとおりのことを聴きたい、老人よりは老人の思っているとおりのことを聴きたい。それが文学です。それゆえにただわれわれの心のままを表白してごらんなさい。ソウしてゆけばいくら文法は間違っておっても、世の中の人が読んでくれる。それがわれわれの遺物です。もし何もすることができなければ、われわれの思うままを書けばよろしいのです。」

ここで彼は高知から来ている下女の話を始める。

「私は高知から来た一人の下女を持っています。非常に面白い下女で、私のところに参りましてから、いろいろの世話をいたします。ある時はほとんど私の母のように私の世話をしてくれます。その女が手紙を書くのを側で見ていますと、非常な手紙です。筆を横に取って、仮名で、土佐言葉で書く。今あとで坂本さんが出て土佐言葉の標本を諸君に示すかも知れませぬ（大笑拍手）。ずいぶん面白い言葉であります。仮名で書くのですから、土佐言葉がソックリそのままで出てくる。それで彼女は長い手紙を書きます。実に読むのに骨が折れる。しかしながら私はいつでもそれを見て喜びます。その女は信者でも何でもない。毎月三日月様になりますと私のところへ参って『ドウゾ旦那さまお銭《ぜに》を六厘』という。『何に使うか』というと、黙っている。『何でもよいから』という。やると豆腐を買ってきまして、三日月様に豆腐を供える。後で聞いてみると『旦那さまのために三日月様に祈っておかぬと運が悪い』と申します。私は感謝していつでも六厘差し出します（大笑）。それから七夕様がきますといつでも私のために七夕様に団子だの梨だの柿などを供えます。私はいつもそれを喜んで供えさせます。その女が書いてくれる手紙を私は実に多くの立派な学者先生の文学を『六合雑誌』などに拝見するよりも喜んで見まする。それが本当の文学で、それが私の心情に訴える文学。……文学とは何でもない、われわれの心情に訴えるものであります。文学というものはソウいうものであるならば……ソウいうものでなくてはならぬ……それならばわれわれはなろうと思えば文学者になることができます。われわれの文学者になれないのは筆が執れないからなれないのではない、われわれに漢文が書けないから文学者になれないのでもない。われわれの心に鬱勃《うつぼつ》たる思想が籠《こ》もっておって、われわれが心のままをジョン・バンヤン（John Bunyan, 1628~1688）がやったように綴《つづ》ることができるならば、それが第一等の立派な文学であります。カーライル（Thomas Carlyle, 1795~1881）のいったとおり『何でもよいから深いところへ入れ、深いところにはことごとく音楽がある。』実にあなたがたの心情をありのままに書いてごらんなさい、それが流暢《りゅうちょう》なる立派な文学であります。私自身の経験によっても私は文天祥がドウ書いたか、白楽天がドウ書いたかと思っていろいろ調べてしかる後に書いた文よりも、自分が心のありのままに、仮名の間違いがあろうが、文法に合うまいが、かまわないで書いた文の方が私が見ても一番良い文章であって、外の人が評してもまた一番良い文章であるといいます。文学者の秘訣《ひけつ》はそこにあります。こういう文学ならばわれわれ誰でも遺すことができる。それゆえに有難いことでございます。もしわれわれが事業を遺すことができなければ、われわれに神様が言葉というものをくださいましたからして、われわれ人間に文学というものをくださいましたから、われわれは文学をもってわれわれの考えを後世に遺して逝くことができます。」

内村は、パウロの名も上げて、ローマ書やガラテヤ書を遺した彼を称えているが、彼の生涯に比べるなら、それらの書物も取るに足りないと言っている。まことに、その生涯がなければ、ローマ書もガラテヤ書も生まれなかったのだから、彼の言《ことば》は正しいと言えるのである。

　獄中書簡が八〇通に達した。字数にすれば三〇万字にも及んでいる。義務教育を満足に受けていない少年無期囚が、よくこれだけの文章を書いたものである。しかも、それを五年足らずの間にやってのけたのだから、まさしく奇跡的な出来事だと言わなければならない。しかも彼は、ただだらだらと文字を連ね、駄文を書いたのではない。自分の魂を注ぎだして、自分の言葉でこれを書いたのである。そうでなければ、これだけの量の、意味のある文字を連ねることはできない。

　内村が言うように、彼は「自分が心のありのままに、仮名の間違いがあろうが、文法に合うまいが、かまわないで書いた」のである。しかも彼は、今時の大学生が遠く及ばないような漢字をほとんど間違わずに、読みやすい字で明瞭に書いている。文法の間違いはあるが、それは文の価値をいささかも損じてはいないし、気にもならない。彼は、如何にしてそれ程のことができたのであろうか。それは、何とかしてエン・クリストオの者になろうとして、その一点に集中して、その道を深め、ついにそこにたどり着き、エン・クリストオの生涯を生きる決心をしたからではないだろうか。では、彼は内村の言う「勇ましい高尚なる生涯」

を送ることができたと言えるのだろうか。

確かに彼は、悪しき者のはかりごとに歩み、罪人の道に立ち、あざける者の座にすわって生きて来た。しかし、キリストに出会ってからは、流れのほとりに植えられた木のように、主のおきてを喜び、昼も夜もそのおきてを思う人となった。

勇ましいとは何か。

それは自分を捨てる勇気を持つことである。自分を捨てキリストに従う者は誰でも勇ましい者である。しかし、彼は「高尚」と言えるのだろうか。彼の品性には残念ながら高尚とは言えない部分があるように見える。が、エン・クリストオの者には、その心配は要らない。なぜなら、キリストが彼に代わって生きてくださるからである。ゆえに、エン・クリストオの生涯を全うする者は、だれでも勇ましく高尚なる生涯を送れるのである。

例え、後世への遺物を何も持っていなくても、この生涯があれば、もって瞑《めい》すべきである。なぜなら、後世への遺物がなくても、御国に行くのに、何の差支えもないからである。

（上田 勇）

ある少女に捧ぐ「いのち」

俺の属する矯正管区では、毎年一回文芸コンクールがある。俺は十数年ぶりに応募したのだが、それが入賞した。以前は、入賞者には入賞作品を載せた冊子が贈呈されたのだが、個人情報の観点から、それが廃止されたとのことで、上田牧師にお見せできないのが残念だ。冊子の代わりに、管区長名で賞状が授与された。が、正直言って、これは門外不出なものなので、嬉しくとも何ともない。反面、当所から副賞として戴いた石ケン二個は、実用品で嬉しかった。微妙やがネ。

下書きをしないで出したから、メモを見ながら書いた。だから、入賞作品と全く同じと言う訳ではないが、意味は同じだから、まあ、読んでいただきたい。俺の今現在の偽りの無い思いを書いたつもりだから、よろしく頼む。では、またいずれ、どこかで会おう。長い間の御清聴を心から感謝する。

以上。吉岡利夫

ある少女に捧ぐ「いのち」

私の手元に車椅子に座った恩師（牧師）の孫娘がご両親と祖父母の人たちに囲まれて写っている一枚の写真がある。が、「小児脳幹グリオーマ」という聞きなれない難病《なんびょう》に侵された少女は厳しく苛酷《かこく》なその闘病生活に、小さな身体は弱り疲れて天に召されました。少女が生きた、三三四七日の生涯はあまりにも短くて哀しすぎます……。

私の人生は、物心の付いた5才頃にはすでに児童養護施設に保護されて育てられていました。また、児童施設と他人の家をたらいの様に回されて、養父からの激しく理不尽な暴力と虐待の日々の記憶は、幼い私の魂を暗くて深い闇の底に突き落としました。

私は不幸に生まれた自分の運命を呪いました。世の不条理に烈火《れっか》のごとく抗《あらが》い、憎悪な憎しみと怨《うら》みと妬《ねた》みは、何時《いつ》しか、私の中に暴力を生み出し、暴力で自己主張して生きて行く術《すべ》を身に着けたのです。

自己中心的（利己的）で、他者を顧みず、人の情や愛などというものは頑迷に拒んで疑い、信じず、否定してきました。

社会の流れに背中を向けて逆らい、快楽と欲望の赴くままに、流れ流されて、私は生きて来たのです。

一六才の時に足を踏み入れた暴力団員の道は、私の暴力性にさらに拍車をかけて、見境もなく、闇雲に突っ走らせました。挙句に、一七才の少年の私は、その暴力の果てに何の罪も無い一般の人を殺めたのです。

そして今では、すっかり年老いた少年無期囚として、今なおこの獄舎にこの身を置いているというのが現状です……。


少女が難病と果敢に戦った一年間。そのような人生を歩んで来た無期囚の私の心を捕えて、一日たりとも離さず揺り動かしました。

人が人として、この世に生れ、そのいのちを生きる意味を深く思い考える洞察に導いてくれました。が、難病は幼ない少女に無慈悲でした。

医師の予測をはるかに上回って、容赦《ようしゃ》なく病状の進行を加速させたのです。けれど、少女はその加速に怯《ひる》まなかった。というのは、大学病院内の分校で、「自分のことをしょうかいします」といった自己紹介用紙の中の「今こんなことをがんばっています」の質問欄に、少女が直筆で、それもはっきり書かれた「たいいんすること」に、私は、少女の断固たる決意のようなものを感じたからです。

さらに病魔は少女の体の機能（五感等）を、ひとつ、またひとつと奪い、停止させて行く中で、健気にも少女は自分の足の指を動かすことで、父母や祖父母たちとの意思の疎通（意思表示）を測ったという事実が、その決意の証左と思うのです。

がしかし、幼ない少女のいのちはついに力尽きて、天に召されたのです……。

多くの人たちが思いを一つにして、少女の命（難病）の回復の奇蹟を願い祈り続けました。私もその思いの輪の中に加えていただけていましたが、残念の一語です……。

また、朝も昼も夜も、四六時中、自分の命を賭《と》して塗炭《とたん》（泥にまみれ火に焼かれること。転じて、ひどい苦痛。きわめて辛い境遇。）の辛苦に耐えて愛児に付きっ切りで難病と戦い、必死にそのいのちを守ろうとしたご両親の慟哭《どうこく》と無念で深い哀しみの喪失は察するに余りがあります。

不幸という生立ちの上に、どっかりと大胡坐をかいて、自分が積み重ねて来た悪事の数々をその不幸に転嫁し、不毛な争い（憎しみや恨み妬み等）に固執して暴力を固持して生きて来た私の心には、必然的にといいますか、この世を太く短く生きて、桜の花のようにパッと咲いて、パッと散って行く事が、諦念となって居座っていました。要するに、裏を返せば、それは他者のいのちに対する価値観も同列にして軽薄で、軽視していたということです。

「小児脳幹グリオーマ」という難病に相対して戦う少女の可憐な姿勢は、実に愚かであった私のその諦念《ていねん》を打ち砕いてくれました。と共に、自分のいのちが風前の灯火《ともしび》となって消えゆく直前まで懸命に生きて生きて、「たいいんすること」を夢にみていた少女は、私に、人が人として生きるいのちの大切さを教えてくれたのです。

不幸という境遇や苦境や環境の中にあっても、心挫《くじ》けず、いじけず、暗闇い過去の内側ではなく、光ある外側に目を向けて、希望を失わず、自分のいのちを生きて行く、そのいのちの責任と、生きるいのちの大義を諭してくれました。そして、そして、如何なる理由があろうとも、人が人のいのちを殺《あや》め、その人の希望に満ちあふれた未来（人生）を奪い取る権利は、何人にも無いと。

（以上）

初めてのお仕事

上田　勇

働く者はその労することにより、なんの益を得るか。
わたしは神が人の子らに与えて、ほねおらせられる仕事を見た。
神のなされることは皆その時にかなって美しい。（伝道の書三・9～11）

孫の入学式の日だった。お昼からの入学式の合間に、「じいちゃん、あそぼ」とやって来た彼に、「今日はお仕事だから遊べない」とつれない返事をしたら、「どんなお仕事?」と聞くので、本を作っていることを説明して、お仕事を手伝うなら後で遊んでやると言うと、「やる」と言う。そこで、紙の折り方を、一通り教えると、何とかなりそうだったので、やらしてみたら、嬉しそうに取り組んでいた。

仕事自体は、Ａ４サイズの紙を、背表紙部分を5ミリぐらい中央に残して二回折るだけの単純作業である。これが案外難しい。表と裏が同じ長さになるには、正確に折る必要がある。彼は四苦八苦しながら、ようやく合格をもらってやり始めた。

一枚一分と、いつの間にか、自分でノルマを設定して、早く折ろうとするから、使い物にならないのが出来ると、「これはダメ。やり直し」と、少し厳しくした。10分もすると、「疲れた」と言いだすから、「止めるか」と言うと、「いや。やる。だって面白いから」というので、こちらも嬉しくなって、「そうか。面白いか。そうだね。何で面白いか分かるか?」と言うと、「さあ?」と首を傾げた。「人のためになるからや。だって、じいちゃん、助かるからね」と言ったら、「ぼく、ほかにもお仕事したよ」という。

「何、その仕事って?」、「お風呂のカゴを持ってくることやろ!　それから、お料理やろ!」、「えっ!」、「いつもじゃないけどね」、「そうか?　お仕事したら、ママも喜ぶけど、自分も嬉しいもんね!」「うん」。こんな調子で話しながらの楽しい作業となった。

終わってから、約束通り、将棋をした。彼の言う将棋とは、本将棋ではなく、将棋崩しである。これが、なかなか奥が深く、彼は今これにはまっている。先日、「じいちゃん将棋貸して」と言うから、「いいよ」と言ったら、いそいそと持って行った。兄がママとでもやるのかなと思っていたら、そうではなく、自分一人でやっていたらしい。ママが「一人で面白い?」と聞くと、

をした。

「じいちゃんに勝ちたいから」と言ったそうで、最近はなかなかの強敵になってきた。

入学式前の楽しいひと時だった。この話には落ちがある。一所懸命になりすぎて、鼻水を落として一枚汚してしまったのだ。それで、それを使った本をご褒美に、ママに上げる約束をした。

入学式から帰って来たママに様子を聞いた。すると、意外なことに、弟の姿は人が多すぎて見えなかったが、兄が新入生への挨拶をしたのでビックリしたと言う。というのは、新しく赴任した先生への挨拶をするとばかり思っていたからである。これにはちょっとした行き違いがあったのだが、それは省く。兎に角、六年生になった兄が、弟の前で立派な挨拶したのだから、親としては鼻が高かったに違いない。

そんなこんなの忙しい一日が終わり、出来上がった『塀の中のキリスト　第一部・独房篇』を「ママに」と言って弟に渡したところ、自分で受け取って、大事そうに抱えている。「ママのだよ」と言っても、離そうとしないので、「読めるようになったら、読んでよ」というと、「うん」と言って、さっそくめくっていた。将来が楽しみだ。

話はこれで終わりではない。風呂に入りに来た弟が、「じいちゃん。今日お仕事したことを、礼拝の時にみんなに話してよ」と言うではないか。ハハア、こんな魂胆があったのかと、一本取られた感じがした。もっとも、こんな「一本」なら何本でも大歓迎だ。

学ぶに時あり

「すべてのわざには時がある」のだから、学ぶにも時がある。学ぶのに良いときとは何時だろうか。それは学ぶ意欲が湧いて来た時である。教育で一番難しいことは、この意欲を如何にして引き出すかということである。学ぶ意欲は、人それぞれであって、一律には行かない。が、学校教育においては、人それぞれと言っていてはどうにもならないので、一律の教育がなされる。だから、結果的に、学ぶ意欲の大切さを知りながら、それを無視せざるを得ないのである。では、家庭教育はどうか。親は、その意欲を起こさせようとして、あの手この手を使う。お金で釣ってみたり、褒めたり、おだてたり、上げたり下げたりしてみるが、なかなかうまく行かない。そこで、勉強しなさいと強制することになる。かくして、塾通いや習い事や家庭教師ということになる。そうしているうちに、子どもの学習意欲はどんどんすり減って行く。意欲が出る前に、その芽を摘むのだから、そうなるのは当然である。

子どもの仕事は勉強だと親は言う。仕事だから、楽しくないのは当然で、学習意欲が湧くはずはない。この悪循環が、日本の教育の一番の問題点ではないだろうか。

嬉しそうにページをめくっている孫を見ながら、これで勉強意欲が湧いたら良いなあと思った。もう平仮名は読めるが漢字はまだだ。どんどん漢字に挑戦してほしい。その気になったら、出来ない事は何もないのだから。その気を如何に起こすかが問題である。

その時、ふと吉岡さんのことを思った。彼は学校ではほとんど勉強しなかったが、刑務所に入ってから、本を読みたいために勉強したらしい。彼の読んでいる本の幅広さを見れば、彼が何を知りたかったのかが分かる。その気になるのに遅すぎるという事はない。意欲が湧きさえすれば、人間大抵の事は成し遂げることが出来る。彼はその見本である。しかし、如何に意欲があっても、それだけでは事は成らない。

人間の業は、どのような業であっても、空しく苦しいものだからである。それ故、人は「働く者はその労することにより、なんの益を得るか」と言うのである。結果が良くない時の徒労感は深く、重い。しかし、「神が人の子らに与えて、ほねおらせられる仕事」を見ると、「神のなされることは皆その時にかなって美しい」と言う。

同じように骨の折れる仕事をしているのに、何がその違いを生み出すのだろうか。違いは、人の業と主の業の違いである。すなわち、その業が、人間の意志や意欲でなく、主にあってなされるとき、違いが生み出されるのである。

主のなさる産業

『塀の中のキリスト』の第三部は、妻と孫娘のガン死について書かなければならなかったから、辛い仕事だった。思い出して何度も涙を流した。その意味では辛かったが、それでありながら、不思議に疲れを感じなかったし、楽しささえも感じることができた。それは何故なのか。それは、二人の不条理な死が不条理のまま終わるのではなく、私たちに大きなものをもたらせた事実を目の当たりにしたからではないだろうか。

第三部をどのように締めくくるか。それが悩みの種だった。この三部作のコンセプトは早くから決まっていた。それは、「人は何のために生れ、何のために生き、何のために死ぬのか」である。このコンセプトを完結させるような随筆が吉岡さん本人から送られたとき、私は、これこそ、主のなされる産業だと確信し、その見事さ、美しい業に感嘆した。まさしく、アメイジング・グレイスである。

（二〇一五・四・一二／一五〇〇号）

心の塀

上田　勇

キリストはわたしたちの平和であって、二つのものを一つにし、敵意という隔ての中垣を取り除き、ご自分の肉によって、数々の規定から成っている戒めの律法を廃棄したのである。それは、彼にあって、二つのものをひとりの新しい人に造りかえて平和をきたらせ、十字架によって、二つのものを一つのからだとして神と和解させ、敵意を十字架にかけてほろぼしてしまったのである。（エペソ二・14〜16）

罪を自覚する者は皆、心に塀を築く。それは、自分の醜い裸を人に覗き見られないための、本能的自衛手段である。が、幼な子にはそれがほとんど見られない。

先週はお兄ちゃんの「初めてのお仕事」だったが、今回は妹の番になった。というのは、朝に熱があって保育園を休んだ妹が、私が製本作業をしていたら、起きて来て、じっと私の手元を見ていたと思ったら、表紙をさっと差し出した。どうやら、私の仕事を手伝いたくて、手順を見ていたらしく、丁度のタイミングで表紙が出て来た。驚いて、「手伝いたいか？」と聞くと、ニャッと笑って「うん」という。彼女も、教会で自分のことを言って欲しいようだ。それで、聞くと、また「うん」と来た。これぐらいの子どもにはまだ心に塀を築く必要はないらしい。罪がないとはこのことである。しばらくその仕事を続けると、さすがにしんどかったようで、また寝てしまった。

隔ての中垣

「隔ての中垣」は何を意味しているのだろうか。新改訳聖書の解説では、神殿の、異邦人の庭とユダヤ人の庭を仕切る壁のことだという。それが常識的な解釈であることはわかる。なぜなら、この段落は、ユダヤ人と異邦人の区別がないことを語っているからである。しかし、そうなると、敵意というのは、ユダヤ人と異邦人の間の敵意ということになる。しかし、キリストが十字架に付けられたのは、この敵意を取り除くためではなく、神と人との間にある敵意を取り除くためであった。また和解は、ユダヤ人と異邦人の間の和解ではなく、これも神と人との和解である。

このように考えて来ると、この隔ての中垣は、人が罪を犯したために自ら作った心の壁（塀）を暗示していることがわかる。

塀は心の中にある

塀は何のためにあるのか。それは自分を守るため。すなわち、塀はバリケード（防御柵）である。自分を守るためには、攻撃してくる敵が誰であるかを知らなければならない。物理的攻撃に対しては物理的塀が必要であり、心理的攻撃には心理的塀が必要であり、霊的攻撃には霊的塀が必要である。

さて、エペソ書二章で取り扱われている隔ての中垣は、心理的霊的なものである。なぜなら、それは神との平和を妨げている塀だからである。

最初にこのバリケードを築いたのは、人祖（アダムとエバ）であった。創世記三章に記されているとおりである。

「女がその木を見ると、それは食べるに良く、目には美しく、賢くなるには好ましいと思われたから、その実を取って食べ、またともにいた夫にも与えたので、彼も食べた。すると、ふたりの目が開け、自分たちの裸であることがわかったので、いちじくの葉をつづり合わせて、

腰にまいた。」（創世記三・6、7）

腰に巻いたいちじくの葉は、心に出来た壁の表れである。この後、主なる神は、彼らをエデンの園から追い出し、「エデンの園の東に、ケルビムと、回る炎のつるぎとを置いて、命の木の道を守らせられた。」（創世記三・24）とある。

この心の塀は目には見えない。が、神と人との間に厳然として存在している。キリストがこの世に来て、十字架に付けられたのは、この塀を打ち壊し、神と和解し、神との平和を樹立するためである。けっして、異邦人とユダヤ人の間にある敵意を取り除くためではない。すべての罪人が持っている心の塀を打ち壊し、神の家族とするためである。そこにはユダヤ人と異邦人の区別はない。あるのは、罪赦され、神の子とされた者が居るだけである。

では、「二つのものを一つにする」とは、何を意味するのか。それは、神にかたどって造られた人間を回復することである。神と人が一つになって神の子が出現する。それが、二つのものが一つになるということではないだろうか。

神の心と人の心にある塀が取り除かれてこそ、人は本来の意味で一つになれる。そのためには、どうしても御子イエスの十字架が必要だったのである。

内在のキリスト

「塀の中のキリスト」とは、刑務所の塀の中にいる人に現れたキリストという意味である。この物理的塀は何のために誰が造ったのか。それを考えると、塀の目的がよく分かる。すなわち、刑務所の塀は塀の中にいる人間から外にいる人間を守るために造られたものである。しかし、復活したイエスにとっては、このような塀は何の妨げにもならない。なぜなら、神によって霊のからだを与えられたからである。

キリストはなぜ霊のからだを与えられたのか。それは、どこにでも、誰にでも現れて、その人の中にまで入って行くためであったと、私は思う。もし、そうでなかったとしたら、何のための霊のからだなのだろうか。

キリストは、それがどこの誰であろうと、たとい塀の中の住人であっても、その人の心の塀が取り除かれさえしたら、その人の中に入って来てくださる。そのために霊のからだを与えられたのだからである。

幼な子のように

イエスは、「幼な子のようにならなければ、天国にはいることはできない」（マタイ一八・3）

と言われた。大人は子どもになる事は出来ない。が、一部分なら、子どものようになることは可能である。すなわち、大人になれば、誰に対しても不用心に接することは出来ないが、唯一人、キリストにだけには、心の塀を取り去って、我が内に受け入れることは出来るのではないだろうか。

イエスは、決して「子どもと同じになれ」と無理を言っておられるのではない。幼な子のように心のバリケードを取り去って私を受け入れよと、言っておられるのではないだろうか。

「見よ、わたしは戸の外に立って、たたいている。だれでもわたしの声を聞いて戸をあけるなら、わたしはその中にはいって彼と食を共にし、彼もまたわたしと食を共にするであろう。」

（ヨハネ黙示録三・20）

心の塀を取り去り、心の門を開けるなら、キリストはいつ何時でも、その人の中に入る用意が出来ている。なぜなら、そのために霊のからだを父なる神に賜ったのだから。聞く耳のある者は聞くがよい。

（二〇一五・四・一九／一五〇一号）

初対面 —— あとがきにかえて

上田　勇

刑務所のホームページを見て、電話で面会の問い合わせをしたところ、身分証明書の提示だけで、面会許可の可能性があることを知って、思い切って行ってみた。「案ずるより産むが易し」というが、その通りだった。

面会室は、面会受付のゲートの直ぐ近くにあり、口頭の審査もなく、名前が呼ばれると、即対面となった。もっと厳重な審査や手続きがあるものと思ったが、すんなり通されたので正直言って驚いた。吉岡さんとは初対面だったが、長年の知己という感じがしてならなかった。

面会時間の三〇分は、あっという間だった。あらかじめ、話したいことを纏めていたのだが、そのメモを見る余裕もなく、夢中で話した。思えば、五年前の夏、突然舞い込んだ見ず知らずの人からの手紙がすべての発端であった。この間、実に色々のことがあった。だから、初対面とは言え、話すことはいくらでも、ありすぎるぐらいある。短い間に何を話すか、選択に迷う間もない。口から出て来るにまかせて、ただしゃべるしかない。

初対面の印象は、「あれ？　変わったなァ」というものだった。初対面で、「変わった」もないものだが、若いときの写真をもらっているので、その印象が強く残っていたのだろう。では、どう変わったのか。元ヤクザの影のようなものが消えて、囚人服がなければ、中年紳士と見間違えるような、すっきりした細面の笑顔が奥から静かに現れた。

三年半の独禁明けに、「あんた、人格変わったな」と同囚に言われたのも分かるような気がする。手紙で散々聞かされたガラの悪さや粗暴さはどこを探しても見当たらない。それどころか、上品ささえ感じられ、キリストに変えられるとはこのことかと、思った。

話したいことの半分どころか、十分の一も言えなかったような気がする。自分が何を言ったのかほとんど覚えてはいない。が、彼が言ったことはしっかり覚えている……つもりだった。しかし、もう自信はない。なぜなら、最後の一言が強烈に残って、他を隅っこに押しやったからである。

先生、祈ってください！

彼の最後の一言、それは「先生、祈ってください」という祈りの依頼であった。牧師だから、祈ることは慣れている。が、このような形で、直截に祈りを依頼されることは滅多にない。いや、私には初めてのことであった。

牧師としての人前での祈りは、大抵は予告されるから、何をどのように祈るか考える暇がある。だから、それほど困ることはない。が、こんな風に突然言われると、困ってしまい、しどろもどろの祈りになってしまうのが、今までの自分だった。ところが、どうしたことだろう。まったく躊躇《ちゅうちょ》なく、「天の父なる神様！」と力強く祈りを始めることが出来た。何と祈ったかは、ほとんど覚えていないが、「エン・クリストオの同志として」というのは、よく覚えている。初面会の感動が言わせた言葉であった。

主の山に備えあり

懸案だった獄中書簡の出版がいよいよ実現する。『塀の中のキリスト』の構想を得たのは、今年の一月初旬のことだった。それまでは、山のものとも海のものともつかない、雲を捕えるような話だった。それがわずか三か月あまりで、一気に具体化した。が、第一部が完成した時はまだ、私自身こんなに早く完結するとは思っていなかった。吉岡さんもそのつもりだったようで、どうして先生はそんなに急ぐのかと思い、私が無理をして体を壊しでもしたらと心配だったと、最初の話題になった。

第一部のゲラ刷りを送ったとき、走り出した機関車に例えて、止まりそうにないと書いたら、「先生らしい」という返事があった。自分でもなぜ急いだのか理由は分からなかった。分かっていたのは神様だけだったことが後で分かった。というのは、私たちの背後で、神が色々とお膳立てしてくださったとしか思えないことが、次々に起こったからである。

なぜ神は私を急がせたのか。その答えは、献堂式の案内に合わせるためである。三月の始めごろだっただろうか。山中正雄牧師からの案内状を貰ったとき、私は深く考えずに即座に行きますと返事を出した。そして、出来上がっていた第一部のゲラ刷りを同封した。「そうすべきだ」という囁《ささや》きを聞いたからである。しかし、その時にはまだ、このような形で出版することになるとは夢にも思っていなかった。第二部が出来上がった時点で、公の出版を思い立って、某新聞社の自費出版部にPDF文書を送ったが、まったく誠意の感じられない対応に、嫌気がさして、山中牧師に、一言洩らしたら、ヨベル社の安田正人さんを紹介して戴いた。それからは、話はとんとん拍子に進んだ。

主の山に備えありというが、こちらにそれだけの備えがなければ、主の山の備えも無になってしまう。今思えばチャンスは、この三か月にしかなかったのである。それが、主の私を急がせられた理由であると思う。

刑務所訪問の目的は、もう一つあった。それは、装丁画のイメージ作りのために刑務所の庭を見たかったことである。特にロードになったツツジを見たかった。面会室までの三〇メートルぐらいの小道の両脇はツツジの植え込みがあった。しかも、イメージ通りの白いツツジだった。

「主のなさる産業は時にかなって美しい」とはこのことである。

（二〇一五・四・二六／一五〇二号）

YOBEL 新書 031

塀の中のキリスト

2015 年 7 月 31 日 初版発行

著　者 —— 吉岡利夫
監　修 —— 上田　勇
発行者 —— 安田正人

発行所 —— 株式会社ヨベル　YOBEL, Inc.
〒 113-0033 東京都文京区本郷 4-1-1-5F
TEL03-3818-4851　FAX03-3818-4858
e-mail : info@yobel. co. jp
DTP・印刷 —— 株式会社ヨベル

配給元—日本キリスト教書販売株式会社（日キ販）
〒 162 - 0814 東京都新宿区新小川町 9-1
振替 00130-3-60976　Tel 03-3260-5670

ISBN978-4-907486-23-5 C0216

ヨベル新書（在庫一覧：税別表示）

（『渡辺善太著作選』は別頁に一覧掲載）

ヨベル新書

001　土屋澄男　永遠のいのちの中へ

聖書の死生観を読む　品切れ　4-946565-44-1

002　峯野龍弘　聖なる生涯を渇望した男

偉大なる宣教者ジョン・ウェスレー　重版準備中　4-946565-60-1

003　渡辺　聡　東京バプテスト教会のダイナミズム 1

日本唯一のメガ・インターナショナル・チャーチが成長し続ける理由《わけ》

〈再版〉¥1,000　4-946565-43-4

004　山本美紀　メソディストの音楽

福音派讃美歌の源流と私たちの讃美　¥900　4-946565-64-9

006　齋藤孝志　［決定版］クリスチャン生活の土台

東京聖書学院教授引退講演「人格形成と教会の形成」つき

¥1,000　4-946565-33-5

007　山下萬里　死と生

教会生活と礼拝　〈在庫僅少〉¥1,400　4-946565-73-1

008　齋藤孝志　［決定版］まことの礼拝への招き

レビ記に徹して聴く　¥1,000　4-946565-74-8

010　渡辺　聡　東京バプテスト教会のダイナミズム 2

渋谷のホームレスがクリスチャンになる理由　¥1,000　4-946565-91-5

012　池田勇人　あかし文章道への招待　〈在庫僅少〉

¥1000　4-946565-58-8

013　大和昌平　追憶と名言によるキリスト教入門

¥900　4-946565-94-6

014　ネヴィル・タン　金本恵美子訳　7172　〈在庫僅少〉

「鉄人」と呼ばれた受刑者が神様と出会う物語　¥1,000　4-946565-59-5

015　齋藤孝志　キリストの体である教会に仕える

エフェソ書に徹して聴く　¥1,000　4-946565-97-7

017　齋藤孝志　道・真理・命　1

ヨハネによる福音書に徹して聴く（1～6章）　¥1,000　4-946565-96-0

019　寺林隆一　あなたのためのイエス・キリストの質問 66
¥1,000　4-946565-82-3

021　齋藤孝志　道・真理・命　2
ヨハネによる福音書に徹して聴く（7～12 章）　¥1,000　4-907486-01-3

022　宗藤尚三　核時代における人間の責任　〈再版〉
ヒロシマとアウシュビッツを心に刻むために　¥1,000　4-907486-05-1

023　井上彰三　ペットも天国へ行けるの？　〈在庫僅少〉
¥900　4-907486-06-8

025　マイケル・オー　和解を通して *Reconciled to God*
¥400　4-907486-09-9

026　齋藤孝志　道・真理・命　3
ヨハネによる福音書に徹して聴く（13～21 章）　¥1,000　4-907486-11-2

027　山口勝政　キリスト教とはなにか？
ヨハネ書簡に徹して聴く　¥1,000　4-907486-13-6

028　渡辺　聡　医者と薬がなくてもうつと引きこもりから生還できる理由《わけ》
東京バプテスト教会のダイナミズム 3 ¥1,000　4-907486-18-1

029　中澤秀一　グローブから介護へ
元巨人軍選手からの転身　¥1,000　4-907486-20-4

030　川上直哉　被ばく地フクシマに立って
現場から、世界から　〈再版〉¥1,000　4-907486-21-1

031　吉岡利夫／上田 勇［監修］　塀の中のキリスト
エン・クリストオの者への道　¥1,000　4-907486-23-5

032　門叶国泰　説教聴聞録　〈近刊〉
ローマの信徒への手紙　予¥1,000　4-907486-24-2

033　大和昌平　牧師の読み解く般若心経　〈近刊〉
予¥1,100　4-907486-25-9

自費出版を考えておられる方に
『本を出版したい方へ』を贈呈しております。

第一期　渡辺善太著作選　全13冊＋別巻1

新書判・本体1800円・平均予272頁・本体1800円＋税

❶　偽善者を出す処 ―― 偽善者は教会の必然的現象 ――

ヨベル新書009・304頁　ISBN978-4-946565-75-5 C0016

❷　現実教会の福音的認識

ヨベル新書018・316頁　ISBN978-4-946565-76-2 C0016

❸　聖書論 ―― 聖書正典論　1/ I

ヨベル新書011・288頁　ISBN978-4-946565-77-9 C0016

❹　聖書論 ―― 聖書正典論　2/ I

ヨベル新書016・256頁　ISBN978-4-946565-78-6 C0016

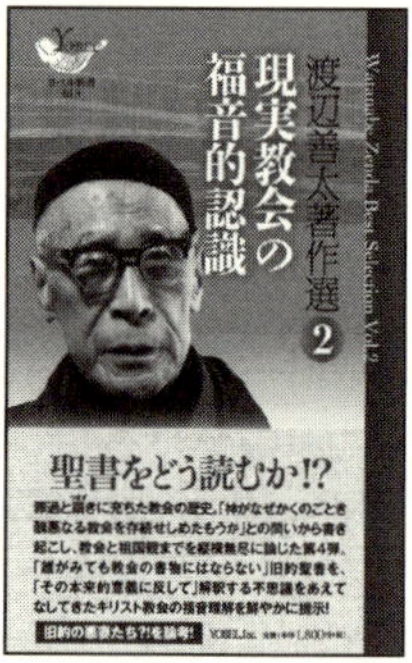

⑤　聖書論 ―― 聖書解釈論　1/ II

予272頁　〈**次回配本予定**〉

⑥　聖書論 ―― 聖書解釈論　2/ II

予272頁

⑦　聖書論 ―― 聖書解釈論　3/ II

予272頁

⑧　聖書論 ―― 聖書神学論　1/ III

予272頁

⑨　聖書論 ―― 聖書神学論　2/ III

予272頁

⑩　聖書論 ―― 聖書学体系論　一試論、ほか

予272頁

⓫　聖書的説教とは？（予定）

ヨベル新書024・320頁　ISBN978-4-946565-80-9

⓬　説教集　わかって、わからないキリスト教

ヨベル新書020・256頁　ISBN978-4-946565-86-1

⑬　説教集　教会の現実とその存続の不思議さ（予定）

予250頁＊「銀座の一角から」を改題

別巻　岡村民子　対話の場としての正典、他（予定）